东方神兽有文化

范钦儒 ◎ 编著

北京出版集团
北京出版社

目 录

青龙

东方苍龙，至仁至灵，角尾之间，赫[1]乎明庭，青
旂[2]苍玉，礼祠维肃，蜿蜿蜒蜒，来降景福。

——《道园学古录》

注 释

1.赫：光明。

2.旂（qí）：旗帜。

译 文

　　东方的苍龙，是最仁慈、最灵验的，在角宿和尾宿之间，闪亮在天空之中，现在我竖起旗帜，献上苍玉，严肃地向你祭祀，你那蜿蜒的身姿，赐予我无边的福寿吧。

⊙ 星宿：尾火虎

⊙ 星宿：箕水豹

⊙ 星宿：房日兔

⊙ 星宿：氐土貉

⊙ 星宿：心月狐

⊙ 星宿：亢金龙

⊙ 星宿：角木蛟

代表春天的生机之神

在古代，人们对天上的星辰充满崇拜，总结了各种规律并逐渐进行完善，用来指导劳作和生活的各个细节。他们根据东、南、西、北四个方向将天空划分为四份，称为四象，每个方位都有七个星宿，早在殷商时期的甲骨文中，便产生了四象的形象。东方的七个星宿连在一起，看起来很像一条腾飞的龙，因此人们将龙视为东方之神，将青龙列为四象之首。

在西周早期墓葬文物中，就记载了青龙的形象。龙是中国文化中特有的符号，是中华民族的最高图腾，身体像长蛇，头部和麒麟很像，脸上有长须，长着一双鹿一样的犄角，十分威武。它不仅象征着帝王皇权，也有很多与帝王相关的故事，三国时期的魏明帝曹叡就曾使用过"青龙"作为年号；《宋书·符瑞志》中记载，周成王在河边看到河上光芒骤起，布满青云，一条青龙浮现，嘴里衔着玄甲之图，它将图交与成王后便乘风而去。

星象随季节变化，周而复始，青龙总是出现在冬春相交时，寓意着春天就要来临，万物即将复苏，所以它在人们心中也代表着春回大地、生生不息。后来，四象之中又融合了阴阳、五行、五色的概念，丰富了龙的形象——东方。

在古代，人们会通过二十八星宿的位置变化来划分季节，安排一年中的重要劳作事件。每年到了农历二月初二的黄昏时，青龙七宿中的角宿就会从东边的地平线上慢慢出现，整个"龙身"都还在地平线下躲藏着，人们只能看到一只龙角，就像青龙悄悄地抬起了头，所以有了"龙抬头"的说法。

为什么是二月初二这个日子呢？其实这并不是角宿出现的精确时间，主要是选取二月初二这个重叠双数又顺口的好日子，把人们寄托美好愿望的仪式感固定下来，把这一天叫作春龙节、春耕节或青龙节。有趣的是，这一天的饮食都加上了龙的名字，吃饺子叫作吃龙耳，吃面条叫作扶龙须，吃馄饨叫作吃龙眼。青龙是天神，怎么会被人们分吃了眼睛、耳朵呢？其实，人们是想通过这种方式来唤醒正在抬头的青龙。俗话说"龙不抬头天不下雨"，龙一直是中国神话中掌管雨水的神仙。龙醒了，春雨来了，农忙就要开始了，丰收的信号也就传出去了。从这里便能看出，古人对神灵不仅有崇拜，也融入了许多生活中的小乐趣，纳入了祈求风调雨顺、五谷丰登的心愿。

随着星宿的移动、更替，青龙在天空中的位置在一年中也有所变化。龙头抬起，龙身显现，直到夏天，青龙开始慢慢旋转到南方。《易经·乾卦》云："飞龙在天，利见大人。"意思是，飞龙在天空中遨游，意味着见到大人物的机会就要来了，将要大有作为了，形容事物到达最鼎盛的时期。其中的飞龙指的就是仲夏时节，青龙七宿在正南方的天空中，就像一条龙在飞一样。等到秋高气爽时，青龙开始向西方落下，叫作"亢（kàng）龙有悔"，是提醒身居高位的人要戒骄戒躁，不然一定会招致祸患，那时后悔就晚了。冬天雪来时，青龙已经彻底消失在夜空里，让位于四象里的其他天神，人们说这叫作"潜龙勿用"，意思是青龙潜藏在深渊里，不强出头，它懂得蛰伏，伺机而动，不轻举妄动，把神力放在该施展的时候。这些对青龙七宿运行轨迹的观察和记录，不仅被《易经》总结成了大智慧，也被金庸先生写在了《天龙八部》中"天下第一武功"——降龙十八掌的招式里，彰显无穷威力。

总之，青龙的出现，往往昭示着帝王的仁德，或者预示着国泰民安时代的来临，因为它是天空中最尊贵的四象之首。它不仅带来了春天的生机，也唤起了人们对神秘宇宙的憧憬。青龙来自这片神秘未知的领域，它暗藏着宇宙星象密码，好像知晓所有人的命运，蕴含无数奥秘，也越发激励人们去探索宇宙与生命的关系，祈祷美好事物的发生。

白虎

王者仁而不害，则白虎见[1]。白虎者，仁兽也。虎而白色，缟[2]身如雪，无杂毛，啸则风兴。昔召公[3]化行[4]陕西之国[5]，白虎应焉。

——《中兴征祥说》

白虎

1. 见：同"现"，出现。
2. 缟：白色。
3. 召公：姬奭（shì），是周朝的大臣，辅佐周成王和周康王开创"成康之治"，为周朝的统治打下坚实基础。
4. 化行：教化德行。
5. 之国：前往封地。

译　文

　　做帝王的人行仁德并且不做坏事，白虎就会显现。白虎是仁德的神兽。它全身都是白色的毛发，像雪一样，没有一丝杂毛，它一吼叫起来，能刮起一阵大风。以前召公在陕地以西的封地教化德行的时候，白虎就出现过。

⊙ 星宿：娄金狗

⊙ 星宿：奎木狼

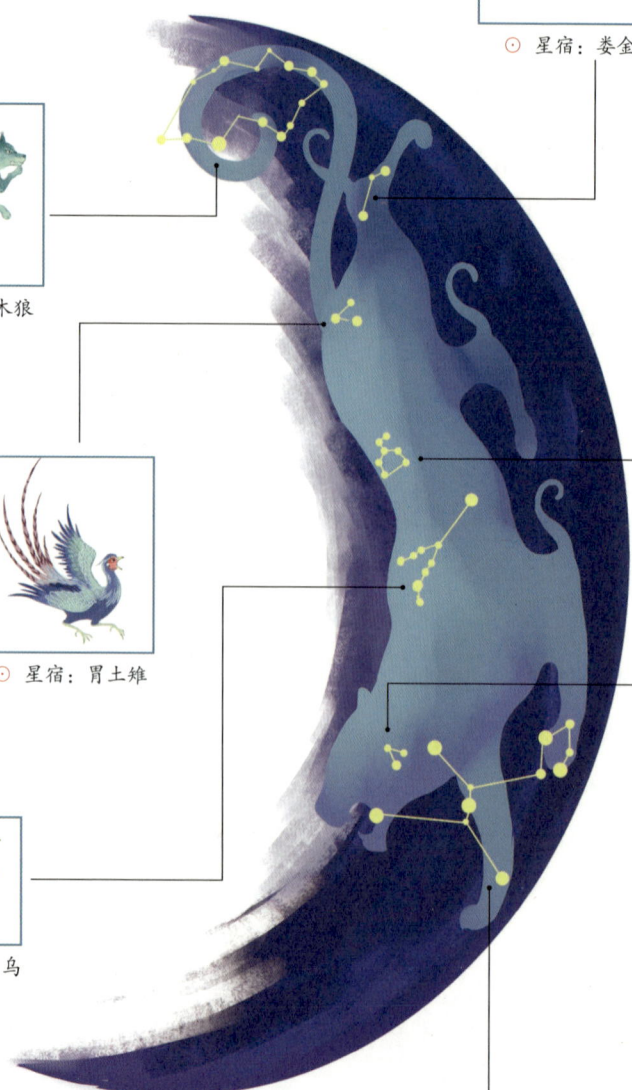

⊙ 星宿：胃土雉

⊙ 星宿：昴日鸡

⊙ 星宿：觜火猴

⊙ 星宿：毕月乌

⊙ 星宿：参水猿

仁德的战神

在四象里，白虎与青龙总是被一起提及，就像一对战斗搭档。比如"云从龙，风从虎"，意思是有龙出现时总伴随着云，有虎出没的地方总伴随着风，比喻事物之间的相互感应；"龙潭虎穴"，则是形容此地十分凶险，就像龙居住的深潭、虎藏身的洞穴一样；还有大家非常熟悉的"卧虎藏龙"，比喻潜藏着人才。

虎在中国古代被认为是百兽之王，统治着兽类，光是从头上的"王"字就可以想见它的地位。而白虎更是罕见，是虎中的"贵族"。四象中的白虎，是力量的象征，它掌管着西方的天空，拥有奎、娄、胃、昴（mǎo）、毕、参（shēn）、觜（zī）七个星宿，西方属金，主色是白色，也代表了秋天。

白虎的身体上都有黑色花纹，骨骼大，下颌骨尤其粗壮，犬齿很长，所以嘴能张开的角度很大，咬合力极强。它的前肢有五趾，四趾在前，一趾相对靠后，捕猎时能伸展开，就像人的手一样。有的白虎甚至还长了一双翅膀，本来一奔跑就自带风，加上了翅膀就更显迅猛。所有这些对白虎外貌的想象，都与真正的老虎基本吻合，是力量、速度、敏捷度、爆发力都极强的一个组合。所以很多人把白虎叫作战神，因为它象征着勇猛威武，寓意着战无不胜。唐代名将薛仁贵，就有白虎的别名。传说他的母亲在生产时难产，好几天都生不下来，就在大家愁作一团的时候，一个惊天雷下来，天上飞下一只威猛白虎，落到了薛家屋顶上，发出震天嘶吼。人们都被这奇异的景象震惊了，第二天薛仁贵出生了，他长大后战功赫赫，成为了旷世名将，所以人们都认为他就是白虎转世。《水浒传》里林冲被高俅设计陷害，带刀进入军事重地，因此受罚，这个地点叫作白虎堂，任何人都不得带武器进入。古代的军旗和兵符上都有白虎的纹样，一是为了彰显队伍的威武，二是企盼将士们都能如白虎转世一般，骁勇善战，百战百胜。

白虎总是和战争相关联，让人敬而远之，闻风丧胆，但其实它代表着运用合理的力量惩恶扬善、守卫正义。毛苌注《诗经》曰："白虎玄文，不食生物，有至信之德。"白虎不吃生的东西，它也是仁德之神。古代有非常多关于白虎显现的记载，说只有恩德散播极广的帝王将相，才有可能让白虎得以显现。企求国泰民安，使得祥瑞之神降临是可以理解的。也许这也说明，只有施行仁政的管理者，才有能力来管理富有战斗力的军队，也只有仁德的君王，才能感召具有极大力量的良臣。《宋书·符瑞志》云："王者不暴虐，则白虎仁，不害物。"《春秋纬·感精符》云："国之将兴，白虎戏朝。"《河图括地象》曰："圣王感期而兴，则有白虎晨鸣，雷声于四野。"

当年周武王姬发在牧野之战中击败了商朝军队，商灭亡，周建立。周朝实行分封制度，武王为了封赏功臣，把蓟地——现在的北京——封给了宗亲大臣姬奭。但姬奭主动要求留在武王身边继续辅佐，为国效力。这时便有一只白虎出现，因此传出了君臣相助的佳话，寓意仁德可助国家昌盛。

我们总说"左青龙右白虎"，可是白虎是在西边天空的守护神，左西右东，怎么会说"右白虎"呢？那是因为古代的地图中，东方都画在左边，所以青龙和白虎一左一右的位置就这样传了下来。

后来，道教把白虎拟人化，叫它护法神，也叫作监兵神君，它仁德、善战的祥瑞之意保留了下来，一直是人们非常崇敬的形象。

朱雀

南方，火也，其帝炎帝[1]，其佐朱明[2]，执衡[3]而治夏，其神为荧惑[4]，其兽朱鸟，其音徵，其日丙丁。

——《淮南子》

1. **炎帝**：神农氏，祭祀时为南方之帝。
2. **朱明**：即祝融，炎帝的后裔，后人称为火神。
3. **衡**：测量水平的工具。
4. **荧惑**：火星在古代的名字。因为隐约不定、使人迷惑而得名。

译 文

　　南方是火星，主宰它的天帝是炎帝，辅佐它的大臣是朱明，朱明手拿衡器管理整个夏季。荧惑是它的守护神，朱雀是它的神兽，它在五音中属于徵（zhǐ）音，日干用的是丙丁。

⊙ 星宿：井木犴

⊙ 星宿：鬼金羊

⊙ 星宿：柳土獐

⊙ 星宿：星日马

⊙ 星宿：翼火蛇

⊙ 星宿：轸水蚓

朱雀先导，助我成仙

朱雀，天之四灵之一，也是四象中南方天空的统领。它所包含的七个南方星宿，是井宿、鬼宿、柳宿、星宿、张宿、翼宿、轸宿，连起来看很像展翅欲飞的大鸟。又因为南方主火，代表夏季，代表色是红色，所以被命名为朱雀，也就是红色的大鸟。一团出现在夏季的赤火，当然也代表着蓬勃发展、生机盎然的景象。

最早对朱雀的记载是在殷商的甲骨文里。"丁巳卜，贞帝朱鸟，三羊三豚三犬"，意思是，在丁巳日这天占卜，帝王祭祀朱雀，需要献祭三头羊、三头猪和三条狗，这说明了朱雀拥有着很高的地位。汉朝以后，道教甚至出现了一种说法——世界是青龙、白虎、朱雀和玄武四象共同创造的。更有朱雀单独创世的说法——它呼出的气升腾成了天，它的身体变成了大地。

《淮南子》中说，南方天空的守护神是荧惑，也就是火星在古时候的名字。因为它的位置和亮度总是变化不定，像荧荧火光一样，所以被称为荧惑。古人观察到，能比较清楚地看到火星的时间，通常是在夏季的夜晚，于是朱雀所代表的南方、火、红色、夏季等元素又再一次完整地连接了起来。我们不得不感叹于古人所创造的神话体系，它不仅仅是一个个奇幻的故事和形象拼出的画卷，其中更有一套完整的思想体系，蕴藏着非常广博的中国传统文化精髓。我们现在知道，火星每两年有两个月接近地球，因此在六月份的日落后，我们整晚都可以在东南方的天空中看到火星，这是观测它最理想的季节。从这也可以看出，人们对于宇宙的探索从未停止过。

很多时候，人们会把朱雀误以为是凤凰，它们的样子的确很接近，都是大鸟的形象，脑袋都像鸡，都有长长的尾羽，在天空中飞起来时，舒展的样子十分好看。但其实它们还是有区别的。朱雀通体红色，可以操控火，飞起来像火焰在燃烧似的，体形也略小于凤凰，形态比较类似于鹌鹑，并且由于朱雀是从星宿而来，很多学者认

为它的地位比凤凰还要高。而凤凰全身的羽毛是七彩的，非常绚烂，体形极大，身上还有一些"仁""德"一类吉祥文字的形状，是百鸟之王。

《诗经》里描述，朱雀身上的火从来都不熄灭，拥有旺盛的生命力，能给人间带来祥瑞。朱雀高飞，能飞到天空最高处，去到人永远也无法企及的地方。加上它本身有吉祥的寓意，所以早在先秦时，人们就认为朱雀有着能够接引死者灵魂升天、助人升仙的神奇异能。它火的属性也让人们认为其充满阳刚正气，所以把朱雀刻在墓室壁画上，是希望保佑死者安宁，让灵魂得到安息，也希望它能带着死者的灵魂飞向很高很远的仙境。河南永城芒砀山柿园汉墓壁画里，就画了朱雀引导死者升天的画面。后来，这种能力又慢慢演变为可以让人长生不老。这一方面向我们再次展示了朱雀的神秘力量，另一方面也表现了人们期望死后灵魂不灭，飞升成仙的精神寄托。

还有一个词语小故事，也和朱雀有关。位于朱雀"身体"和"翅膀"的衔接处，有一个星宿叫作张宿。这个翅膀根部的位置，是朱雀能否飞翔的关键，是飞翔的主要发力点。而腾飞在人们心中就是很厉害的技能，所以张宿多主吉兆。正因为这个好意头，才有了"开张大吉"这样的说法，这里的"张"一开始指的是朱雀中的张宿，张宿开，一切都能大吉大利，后来慢慢变成了开端、开始、开启的美好祝福。

玄武

玄武者，北方壬癸水，黑汞也，能柔能刚。经[1]云：上善若水，非铅非锡，非众石之类，水乃河车[2]神水，生乎天地之先，至药[3]不可暂舍。能养育万物，故称玄武也。

——《云笈七签》

1. 经：指《道德经》。
2. 河车：有多种解释，这里指北方正气。
3. 至药：妙药，多指方士炼的丹药。

译 文

玄武在北方，壬癸纪日，主水，指的就是黑汞，刚柔并济。《道德经》里说：最善的德行就像水，不像铅锡这种金属，也不像任何石头。水是代表北方正气的神水，天地形成之前就已经有了，灵丹妙药也不能替代。能养育万物，所以叫作玄武。

⊙ 星宿：危月燕

⊙ 星宿：壁水貐

⊙ 星宿：室火猪

⊙ 星宿：虚日鼠

⊙ 星宿：女土蝠

⊙ 星宿：牛金牛

⊙ 星宿：斗木獬

龟蛇相缠，风调雨顺

　　玄武同样也是天之四灵之一，位于四象之末。它管理北方天空，五行属水，代表了冬天和黑色。位于玄武的七个星宿分别是斗宿、牛宿、女宿、虚宿、危宿、室宿和壁宿，其中牛宿和女宿就是著名的牛郎星和织女星，谱写了一段家喻户晓的爱情故事。人们认为每年七夕，牛郎和织女会在鹊桥上相会，并且把这一天视为中国的情人节。但其实这只是一个美好的愿望而已，女宿在初夏的黎明时会出现在南方的天空中，而牛宿的出现要在八九月的黄昏，它们总是一个追着另一个，终难相见。

　　玄武就是玄冥，"武"和"冥"古音是相同的，玄表示黑色，冥表示阴，这也应和了冬天光照不足、天气晦暗的特点。金庸先生的《倚天屠龙记》里，有两位武功卓绝的人物，叫作玄冥二老，擅长阴寒的内力，是汝阳王府里最顶尖的高手，最后败在张无忌至阳的九阳神功之下，由此我们也可以感知到玄冥的阴寒气息，与阳相对。

　　我们现在熟知的玄武形象是一只被大蛇缠着的巨龟，但在最开始的时候，它只是一只黑色的大龟，在汉朝以后才发生了变化，在神龟的基础上添加了蛇。有学者认为，这和古时候崇拜龟图腾的氏族与崇拜蛇图腾的氏族通婚融合有关。

龟和蛇都是我国古代的灵兽，都象征长寿，所以玄武的形象在古代出现的地方十分广泛。人们除了在重要的祭祀场合喜欢佩戴有玄武形象的玉饰，也喜欢用它来装点屋子。铜镜、漆器、砖瓦等物件上面，都有玄武的形象。这展现了人们对长寿永恒不变的追求。

　　龟是古代占卜的重要工具，所以古代的人们也认为玄武知道万事万物的答案，也能在阴阳之间自由穿梭。后来，玄武被道教大为推崇，甚至把它人格化为真武大帝，成为道教里最重要的神灵之一。

　　真武大帝的形象十分威武，身长百尺，披散着头发，脚下踏着神龟和灵蛇。在《西游记》中，他是看守北天门的天神。孙悟空遭遇金角大王、银角大王的劫难时，他曾配合孙悟空，给想要吃唐僧肉的银角大王演了一出戏。为了骗过妖怪，孙悟空变出了一个假的紫金红葫芦，谎称它能装天，这边一念咒，那边真武大帝就用借来的皂雕旗封住了南天门，让日月星辰都不得见，天地一片昏暗，佯装是葫芦的威力。

玄武主水，也被叫作水神，和主火的朱雀相对。水是农民一年四季最依赖的自然条件，人们不能自由驾驭水，但却期待水能带来丰收，所以玄武自然是人们非常崇敬的神，因为它与生活息息相关。故宫里的钦安殿也摆放着真武大帝的神像，它在宫中的地位很高，因为水是木质建筑最好的保护神，所以连皇帝也要认真来拜，每年在重要的节气里都要在钦安殿举行盛大的仪式，以祈求风调雨顺。

古代农业社会中，秋、冬两季是农闲时间，农民无事，所以多嫁娶。蛇本身也是生殖繁衍的象征，而龟蛇相抱，则具有阴阳相配、繁育后代的意义，更寓意着氏族联姻，完满美好。

玄武身上的责任不少，又管着四分之一的天空，又要为人们解惑，又要管水，还要管繁衍后代，最后甚至还要管整个道教，这可能就是这个天神的不同之处。但不论人们向它求什么，都寄托了古人对美好生活的诸多向往和期盼，它始终是威震八方、镇守安康的吉祥象征。

应龙

蚩尤作兵[1]伐黄帝，黄帝乃令应龙攻之冀州之野[2]。应龙畜[3]水，蚩尤请风伯雨师，纵大风雨。黄帝乃下天女曰魃，雨止，遂杀蚩尤。

——《山海经》

应龙

大禹

1.作兵：发动战争。

2.野：郊外。

3.畜：同"蓄"，蓄积。

译 文

蛋尤制造各种兵器用来讨伐黄帝，黄帝命令应龙在冀州的郊外与蛋尤交战。应龙能蓄积水，蛋尤就请来风伯雨师，操控了一场大风雨。黄帝又找来了名叫魃的天女，雨才止住，于是应龙得以杀了蛋尤。

⊙ 背部特写：应龙鳞身棘脊，战斗力极强

⊙ 翅膀特写：应龙有双翼，飞行速度极快

⊙ 应龙骨骼图

四灵中的名门望族

《礼记·礼运》云："麟、凤、龟、龙，谓之四灵。"这四种神兽，都能带来祥瑞。麒麟是百兽之长，凤凰是百禽之长，灵龟为百介之长，龙为百鳞之长，可以说四灵就是一个神兽的顶级组合了。

龙在中国文化中的地位不用多说，而能站在龙族"金字塔尖"上的，就是应龙了。应龙也叫黄龙，是中国龙中头等的名门望族。《大地藏》中记载，它是龙族的始祖，是真龙，是祖龙。《册府元龟》中说，在乾坤一片混沌的时候，它通过降雨创造了万物。《谇龙》一篇中说，它一旦发怒，日月会消失，天地要终结。《阮籍集》中则说，它的身体舒展开大得宇宙都不能容纳，缩起身子竟可以小得像消失了一般，它可以自由变换形态，随时变大变小，还能随意隐形。

应龙是非常重要的上古神，它曾经多次为伏羲送河图，还为炎帝神农授课，天上所有的神仙都愿意听它传道。《山海经》中记载，在黄帝蚩尤之战中，应龙杀掉了蚩尤和夸父，为黄帝统一天下立下了大功。但这一战令应龙也耗损极大，它去了南方蛰居，所以现在南方总是多雨。也有记载称，大禹治水时遭到水怪无支祁的阻挠，很多神仙都没办法打败它，直到应龙出现，才帮助大禹取得了胜利。它又统领各方神龙一起帮助治理水患，最后用尾巴划出一条沟，将洪水及时导出，成了江河，在治水中屡次立下大功。这等功绩，在中国神话中，绝对是数一数二的。

中国龙与西方龙最不同的地方在于，中国龙没有翅膀便能在天空翱翔，形体更像是大蛇，而应龙却是唯一拥有翅膀的中国神龙。传说真龙需要修炼千年才能化身为应龙。它飞得比其他龙更迅速，一旦腾飞，会产生打雷一般的巨大声响，日月星辰都只能跟在它后面，四海里的水也会像龙卷一样升向天空，世间万物都会产生感应。应龙全身覆盖着鳞片，脊背上有一排刺，头又大又长，牙齿非常尖利，前额凸起。它的羽翼是彩色的，爪子有五根指头。《广博物志》曰："角靡浪平……龙之雌也。"宋朝以前，应龙的确是以雌龙的形象出现的。有人说是它生了凤凰和建马，建马又生了麒麟，而凤凰生了一切鸟，麒麟生了一切兽，所以应龙是一切鸟和兽的共祖。还有人说应龙生了盘古，

盘古后来开辟了天地。人们毫不吝啬地把所有顶级的身份都加在应龙身上，足以说明人们对它的尊崇。

前面我们讲到了天空中的"四象"，分管着东、南、西、北四片天空。除了二十八星宿之外，还有中央七宿，应龙就是中央七宿轩辕星之神，号称"女王星"，与"四象"并列称为"五星天官"。

应龙最早的形象出现在七千多年前的内蒙古，那里出土了带有翅膀的龙状文物。先秦及以前的神话中，应龙只有一个，它名为庚辰，南北朝之后《述异记》中说，蛟千年化为龙，龙五百年化为角龙，角龙千年化为应龙。这里给龙类做了一个进化的梳理，可见应龙是龙的终极形态。

我们常说"鲤鱼跃龙门"，是说鲤鱼如果跳过了龙门，就会变化成龙，比喻奋发向上、飞黄腾达。这里的龙门就是应龙用神力开辟的，能让水里的所有动物有进化成龙的机会。将其他动物点化成龙，就像点石成金一样，这是怎样厉害的技能！所以封建帝王家使用的龙纹其实也是应龙的形象，汉代之后，应龙就在皇家建筑和物品中成了尊贵的象征，代表了皇权的至高无上。后来，应龙的翅膀处逐渐变成了火焰纹、云纹，最后才变成了我们更为熟悉的没有明显翅膀的黄龙模样。

从古至今的记载中，应龙几乎没有战败的记录。它有着强悍的战斗力和受人尊崇的地位，一直被后世所景仰。

凤凰

又东五百里，曰丹穴之山……有鸟焉，其状如鸡，五采而文，名曰凤皇。首文[1]曰德，翼文曰义，背文曰礼，膺[2]文曰仁，腹文曰信。是鸟也，饮食自然[3]，自歌自舞，见则天下安宁。

——《山海经》

1.文：即"纹"，花纹。

2.膺（yīng）：胸。

3.自然：形容泰然自若的样子。

译 文

　　又向东五百里是丹穴山……山中有一种鸟，长得像鸡，全身布满五彩的花纹，叫作凤凰。头上的花纹是"德"字的形状，翅膀上的花纹是"义"字的形状，背部的花纹是"礼"字的形状，胸部的花纹是"仁"字的形状，腹部的花纹是"信"字的形状。这只鸟，神态自若地饮食，自在地歌舞，它一出现，天下一定安宁。

鸡喙

燕颔

蛇首

鱼尾

龟背

龙纹

四灵中的颜值担当

　　雄为凤，雌为凰，合称为凤凰。我们已经知道，凤凰是应龙所生，神力也不容小觑。凤凰生了鸾鸟，鸾鸟又生了庶鸟，所有带有羽毛的动物都是庶鸟所生。所以凤凰是"百鸟之王"，是中华精神之鸟，也是人间的幸福使者。

　　凤凰统领百鸟。在我们的印象里，它是一只彩色大鸟，但其实在历史记载中，它的形象更像是世间万物的集合——前胸像大雁，后背像麒麟，脖子像蛇，尾巴像鱼，身上有类似龟壳的纹路，下巴像燕子，嘴巴像鸡。头上、翅膀上、背部、胸部和腹部分别有着德、义、礼、仁、信的字样，从这里就能看出，人们认为它是兼备诸多美德的神鸟，象征吉祥和谐。凤凰喜好美妙的乐曲，听到了就会怡然起舞，它自己的声音也特别的悠扬，声音小的时候听起来像钟，声音大的时候听起来像鼓，都是非常优美的。当它起飞时，所有鸟都会跟着它。但只有仁德之主治理国家特别昌盛的时候，它才会出现。所谓的"有凤来仪"，是形容凤凰起舞时美轮美奂的样子，是吉祥的征兆，也是在告诉人们，当凤凰出现时，往往象征着美丽和富饶。历史记载中也有许多这样的小故事。

　　周朝建立之后，有人听到有凤凰在岐山上鸣叫，人们就认为，是周文王的德政召唤出了凤凰，国家之后的发展一定蒸蒸日上，这就是"凤鸣岐山"的故事。《论语·子罕》说："子曰：'凤鸟不至，河不出图，吾已矣夫！'"即孔子说，凤凰不飞来，黄河不出河图，这些寓意美好的现象都没有出现，看来我是不行了。黄帝刚刚即位时，觉得天下已经太平，很想知道什么时候能见到凤凰，于是就招来大臣问："凤凰到底是什么样子的呢？"大臣说凤凰是难得一见的神鸟，它身有五彩，吃的是最洁净的食物，连喝水也仪态端庄，能通天祉、应地灵。在人间，如果国家能治理得有一分风象，那么它就会飞过这片土地；如果有两分，那么它就会翱翔在国家的上空；如果有三分，凤凰就会召唤鸟群聚集在这里；如果有四分，凤凰每逢春秋都会出现；如果有五分，那么凤凰就会选择一直住在这里，是千载难逢的祥瑞了。黄帝听到之后问："为什么我在位期间从来没有见过凤凰呢？"大臣说："我们现在虽然看似太平，但四方强敌仍然虎视眈眈啊。"之后黄帝便率兵讨伐，实现了一统天下，就如期地看见了百鸟朝凤的景象，非常欣慰。从此，百鸟朝凤也就引申为君主圣明、天下归顺的意义，也指德高望重的人一定众望所归。

凤凰气节很高，传说它只喝清晨最干净的露水，只吃长达千仞的竹子，只栖息在树中之王——梧桐的上面。《闻见录》中说，所有鸟都不敢落在梧桐树上，只有凤凰可以，"凤栖梧桐"后来也用来比喻人才会挑选自己的主人。

龙和凤总是相对出现，龙是古代帝王的象征，而凤凰随着儒家思想的发展，因其气节高傲、寓意祥和，在文化演变过程中越来越"女性化"，成为至高无上的女性代表，用在了皇后的衣服纹样和饰品中，也代表了封建皇权中女性的最高权力。

　　不过有一个关于凤凰的说法一直被许多人误解，那就是"凤凰涅槃"。人们一直以为这是凤凰的专属能力，其实这种能力的描述并不来自中国神话体系，而是属于西方的不死鸟凤凰。这种每五百年在火中自燃，又在灰烬中重生的不死鸟，在中国以"涅槃"第一次出现，是在郭沫若的作品中。他用西方不死鸟的浴火重生之技，比喻经历漫长磨难之后，得到重生般的改变。这种说法十分生动，以至于流传了下来，直到现在人们也常常使用。

　　凤凰不仅在盛世时降临，还在国家危难之际，或者是昏君执政之时出现来重振人心，告诉大家祥瑞即将到来，苦难就要结束。所以，凤凰真是从里到外、方方面面都带着幸福之光的吉祥鸟。

麒 麟

麒之趾，振振[1]公子，于嗟[2]麟兮！麟之定[3]，振振公姓[4]，于嗟麟兮！麟之角，振振公族[5]，于嗟麟兮！

——《诗经》

1. 振振：仁厚的样子。
2. 于嗟（xū jiē）：感叹，这里表示赞美。于，同"吁"。
3. 定：额头。
4. 公姓：对长辈，对上的敬称。
5. 公族：诸侯或君王的同族，指公族大夫。

译 文

　　麒麟的脚趾啊，不踩生物，好比公子般仁厚，伟大的麒麟！麒麟的额头啊，不抵伤人，好比公孙般仁义，伟大的麒麟！麒麟的犄角啊，不害人，好比公族般仁德，伟大的麒麟！

⊙ 麒麟骨骼图

⊙ 麒麟的尾巴
一说麒麟的尾巴为牛尾

⊙ 麒麟的蹄子
麒麟的脚一直有爪
和蹄子之争

⊙ 麒麟的角
麒麟的头部长有一只向
前呈直线螺旋状延伸的
锐角，且极为坚硬

四灵中的实力担当

《公羊传》曰："麟者，仁兽也，有王者则至，无王者则不至。"麒麟作为四大灵兽之一，当然也是祥瑞的代表，只有圣明的君主才能让它现身。唐代的《获麟解》中说："麟之为灵昭昭也……虽妇人小子皆知其为祥也。"意思是说连妇女和小孩儿都知道麒麟是灵兽，代表着吉祥，可见麒麟名气之大，早就已经家喻户晓了。

在《瑞应图》和《说文解字》中都有对麒麟样貌的描写，它长着羊一样的头，头顶是圆的，有一对角（也有说独角），还有一对长须。它的蹄子像狼一样，身体像麝鹿，高达两米左右，泛着彩色的光芒。麒麟身披龙

⊙ 美丽奢华的躯体，却有着令人无法想象的坚硬的皮肤

甲，尾巴也和龙一样。说起来，它其实是应龙的后代，应龙生建马，建马生麒麟，麒麟生庶兽，凡毛者，生于庶兽。所以麒麟是"百兽之王"，《论衡》里称它为"兽之圣也"。

麒麟和凤凰的命名方式相同，麒为雄，麟为雌，合称为麒麟，我们也一直都用麒麟来指代它们。我们常听人把非常有才能的人称为"麒麟才子"，这来源于一个跟孔子有关的故事。《拾遗记》里记载，孔子有一个有足疾的哥哥，父母觉得很遗憾，就去尼山祈祷希望能再得一子。有一天夜里，一头麒麟优雅地走进了孔子父母家里，吐出了一方帛，上面写着"水精之子孙，衰周而素王，徵在贤明"，说接下来要降生的孩子是龙的后裔，虽然不是帝王，但会拥有帝王一样的贤德。第二天，孔子就出生了，这也是"麒麟送子"的由来。"麒麟吐书"图案也被用来装饰文庙或者学堂，希望有圣贤降生。后来，孔子创立儒家学派，成为著名的思想家、教育家、政治家。人们觉得这些才华来自麒麟的赐福，所以也用麒麟来象征才子。

除了"麒麟送子"的故事，《左传》里还有关于麒麟和孔子的故事。鲁哀公十四年（前481），农民家的黄牛生了只小牛犊，它刚被生下来就把田里的锄具吃掉了。农民害怕，但谁都不认得这到底是个什么东西，就赶紧放走了它。那些年正是动荡的时候，后来有一次鲁哀公去狩猎，射死了一只动物，但也不认得是什么，请孔子来看，孔子哀叹道："这可是麒麟啊！"麒麟在如此乱世中出现，又被射杀，孔子心里知道是大凶，自己的治世之论也终将搁浅，于是大哭。不久后，孔子就逝世了。山东巨野县就是麒麟传说故事的发生地，该故事被列入国家级非物质文化遗产名录。麒麟出现在了这块土地上，被后人详细记载、认真传承了下来，加入了劳动人民朴实的情感和丰富的想象，因此才有了巨野县"麒麟之乡"的称号。

麒麟图样在人们的生活中运用广泛，建筑设计、室内摆件、工艺首饰都常用到麒麟，代表人们祈求长命百岁、平安顺遂。我们经常在银行、公共机构等建筑的门口看到两尊麒麟瑞兽守门，用来定宅保平安。在古时候，它还有一个特殊的用处——区分官职。唐朝武则天时开始，用袍纹定品级，皇帝的左右卫装饰着一对麒麟。后来明清时期，麒麟成为武官的一品官阶形象，这跟麒麟声音如雷、能吐火、发威时异常凶猛有关，永远威风凛凛、目光坚定，所以能够代表最高阶的武将的威猛有力。

在中国传统文化里，麒麟就像万金油一样，可以旺财、镇宅，还可以求子、求才。这一方面印证了麒麟神力之强，另一方面也体现出了大众对于麒麟的喜爱。麒麟作为上古一大神兽，不仅象征着嘉瑞繁盛，也有"才子"之意，同时它也意味着谦卑与圣贤，这种集所有美好于一身的神兽，可以说是"四大灵兽"中的实力担当了。

灵龟

龟千年生毛，寿五千年谓之神龟，万年曰灵龟。
——《述异记》

灵龟

女娲

⊙ 灵龟骨骼图

⊙ 龟背花纹对应八卦图

⊙ 蓍草是草本植物中生长时间很长的一种草，茎很直，据说用来占卜是很灵验的

四灵中的占卜能手

　　龟在中国文化中一直是长寿的代名词。传说，龟的寿命达一千年时，背部会长出短毛；达五千年时，可以被称作神龟；达一万年时，才会被称作灵龟，所以灵龟是龟的类别中级别最高的，也是最具灵性的。

　　龟长寿是因为它的需求很少，吃得少，呼吸慢，行动也缓慢，很少消耗能量。所谓龟息大法，是道家模仿神龟呼吸而进行的一种养生功法，目的也是养生长寿。《易经·颐卦》中说："初九，舍尔灵龟，观我朵颐，凶。"舍弃你自己的灵龟，非要看我大快朵颐，这不是一件好事。这里用灵龟对食物需求少，来对比大快朵颐，意思是你需要的并不多，却羡慕别人吃东西的样子，所以现在也指不知珍惜，只去垂涎别人的生活，只顾羡慕别人的成功。这也暗含了一种养生的智慧，你的身体本来需要的并不多，应该顺应自然，听从身体本身的启示，不要看到别人放纵欲望就想跟从。就像灵龟一样，需要的很少，却可以长寿安康。可见作为"四大灵兽"之一，人们在灵龟身上寄托了身体健康、长命百岁的强烈愿望。

《说苑》一文中描写了灵龟的样貌。它身上长着五色的龟鳞，看起来如同玉器一般温润。龟甲一面向阳一面向阴，上面蕴藏着天的变化，下面预示着大地的变化。头像蛇，甲壳中的身体像龙，左眼是太阳，右眼是月亮，可以预测国家存亡、人事吉凶的变化。从这样的形态上便可以看出灵龟的灵性，因为它足够长寿，所以身体中已经刻写上了宇宙大地的生发奥秘，也见证着各种时代变迁与王朝兴衰。它非常通灵，能预测事情，参透奥义。古代巫师卜卦常用的工具就是龟壳，传说灵龟能随时去阴间，向祖先的灵魂问问题，再把答案带回来，所以古人认为用龟壳占卜非常灵验。

由于四大灵兽有很多吉祥寓意，所以它们总是与贤德的君王相联系，历史记载中有特别多"明君在，四灵出"的故事，灵龟自然也不例外。传说尧帝在洛水祭神，就有灵龟背着天书出现，龟背上写着红色的字，昭告天下的德运变迁。周成王的时候也有这样的事情出现。

上古神话中，共工撞了不周山，使得天柱崩塌，天地四极倾斜，女娲来救，断了一条灵龟的腿作为新的支撑物，重新支起了天地，而灵龟也因此献出了生命。只用一条腿就能撑起天地，可见灵龟身形之巨大；为了人间安宁愿意牺牲自己，可见它的仁德。

《庄子》云："东方鳞虫三百六十，应龙为其长；南方羽虫三百六十，凤凰为其长；西方毛虫三百六十，麒麟为其长；

北方甲虫三百六十，灵龟为其长。"从这段话里我们可以看出，四灵也是古人对所有动物的一种分类方法，"虫"是所有动物的统称，古人把动物主要分为毛虫、羽虫、甲虫、鳞虫四类，而四灵就是这四类动物的终极形态。人们根据这四类动物的特点，设计出了非常多的神力，也寄托了人们各种各样的美好愿望。这里有充满想象的神话故事，也有博大精深的文化底蕴，所以四灵的意义不仅存在于精神层面，也为后人研究古代动物提供了很多有价值的信息。

梼杌

颛顼[1]氏有不才子，不可教训，不知诋言，告之则顽，舍之则嚚[2]，傲狠[3]明德[4]，以乱天常，天下之民谓之梼杌。

——《左传》

1. 颛顼（zhuān xū）：上古时期部落首领，是黄帝的孙子。
2. 嚚（yín）：愚蠢。
3. 傲狠：倨傲狠戾，形容高傲自大、凶暴乖张。
4. 明德：光明的美德。

译 文

　　颛顼有一个很不成才的儿子，不可调教，听不懂别人说的是好话还是坏话，教育他，他很顽劣，不管他，他又会很愚蠢，把倨傲凶狠作为美德，扰乱了天道，天下的人叫他梼杌（táo wù）。

⊙ 梼杌骨骼图

⊙ 尾巴特写：尾巴奇长

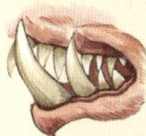

⊙ 牙齿特写：像野猪牙，参差不齐，无比尖锐

49

黑白不分的纨绔子弟

讲完了吉祥的四大灵兽，我们现在来讲讲狠恶的四大凶兽。

所谓的"四凶"，最早指的是上古时期四个非常残忍的部落首领，后来渐渐符号化，演变成了部落里的四种怪物，并且古人还创造了很多和他们有关的奇幻故事，以表明他们的凶残，更是对不良风气的一种警告。

《神异经》中记载，梼杌生活在偏远的西方，看上去比较像老虎的外形，但身上长着狗一样的毛发。两颗獠牙很长，从嘴里龇出来，很像野猪的样子。身材短小，但尾巴却有足足一丈八（约6米），看上去奇怪又狰狞。

梼杌的"凶"，第一大特点是顽劣，这从他的名字就能看出。梼杌，梼是"捣"

的意思，杌是指没有枝丫的树木，用来"捣"东西的光木杆，让人不得不想到实心的"棒槌"。"棒槌"这个词在北方俗语里，也指那些没有逻辑又认死理的人。梼杌就和他的名字描述的一样，听不进去任何道理，听不明白任何话语。

梼杌的父亲颛顼是位非常仁德的首领，是与黄帝、炎帝齐名的五帝之一，也是黄帝的孙子。颛顼创建的《颛顼历》，一直到汉初都起到了非常大的作用。他还制定了婚姻制度和伦理纲常，解决了因为群婚而产生疾病的乱象。可见颛顼也是个非常聪慧、有智谋的首领。让人无奈的是，梼杌无法被教化，教育他时他油盐不进，不管他时他又会变本加厉。不得不佩服古人给"梼杌"起的这个名字，实在是再贴切不过了。梼杌没有遗传黄帝和颛顼的优秀品质，却单单遗传到了爷爷昌意的劣根。《水经注》里讲，黄帝次子昌意因为才德低下，不足以继承帝位，被降职到若水做诸侯。但梼杌相比于爷爷是有过之而无不及。奇怪的是，颛顼的儿子们都是以灾神的面目出现的。另有《搜神记》里说，他的三个儿子都在为祸人间，一个在江水中做疟鬼，一个在若水中做魍魉鬼，一个总是出现在别人家里惊扰小孩儿，做小儿鬼。而颛顼的孙子辈又出现了一位贤帝大禹。

如果你觉得梼杌只不过像不懂事的痴儿一般，那就大错特错了，他"凶"的第二大特点就是狠戾。梼杌非常喜爱打斗，杀伤力非常大且杀人如麻，没有任何人性可言。他一出现，就会对人们造成不可挽回的惨烈损失，总是闹得天下大乱、民不聊生。仿佛他的出生就是为了让天下动荡，引得祸乱滔天。

这位"皇二代"桀骜不驯，不明事理也不开窍，对自己的罪行毫无悔过之心，完全是一个没有教养的纨绔子弟的形象。所以，后人也常用"梼杌"二字来指代那些冥顽不灵、态度凶恶、只知道闯祸的混世魔王。

饕餮

周¹鼎著饕餮，有首无身，食人未咽²，害及其身，以言报更³也。

——《吕氏春秋》

⊙ 饕餮骨骼图

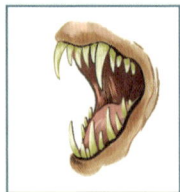

⊙ 嘴部特写：嘴部巨大，
牙齿参差不齐而锋利

⊙ 眼睛特写：眼睛位于
腋下

1. 周：周朝。
2. 咽：吞食。
3. 报更：报应。

　　周朝的鼎上刻有饕餮（tāo tiè）的纹样，只有头没有身子，吃进嘴里的人还没咽下去就继续吞吃，（自己就承受不住了）反而害了自身，这是在告诉人们报应的道理。

贪婪无度的大嘴怪

饕餮这两个字的笔画都非常多，下面都有一个"食"字，说明意思与吃有关。饕的意思是大口吃东西；餮的上半部分是"殄"，意思是尽、绝。饕餮两个字合起来其词义自明，便是形容极度贪吃，后来引申为贪婪。"进食无度"是饕餮最明显的特征，它们进食时从不顾及形象，面前有多少食物，就要吃下多少，直至最终撑死。那么饕餮对人的警醒之意，就是不要过于贪婪，贪婪的最终结局是自取灭亡。

商周时，祭祀时用的鼎上刻着有首无身的饕餮纹样。在这么重要的器物上用饕餮纹样主要有两个原因：其一，古人希望用长相凶狠的神兽纹样压邪，震慑魑魅魍魉；其二，把饕餮放在由食器演变而来的鼎上，也是在告诫人们不要贪婪，谨记放纵的危害。不过在其他文字记载中，饕餮还是有身子的。

随着时代的不断发展，"饕餮"的意义慢慢发生了变化。如今，我们会把非常豪华的宴席称为"饕餮盛宴"，对于贪吃的饕餮来讲都算是盛宴，可见这顿饭是何等丰富。很多美食评论家也会自称"老饕"，这个"饕"同样来自"饕餮"。虽然，如今饕餮的含义已经变为代表特别爱吃、特别懂吃的称呼，但是我们依旧要记住，不要像凶兽饕餮一样贪得无厌、不知节制。

混沌

昔帝鸿氏[1]有不才子,掩义[2]隐贼[3],好行凶慝[4],天下谓之浑沌。

——《史记》

1. 帝鸿氏：黄帝。
2. 义：同"俄"，奸邪。
3. 隐贼：阴险狠毒。
4. 凶慝（tè）：凶暴、邪恶。

译 文

　　以前黄帝有一个不成才的儿子，总是包庇奸邪，阴险狠毒，喜欢做坏事，人们把他叫作混沌。

⊙ 走路姿态特写：四个翅膀和六条腿的运动规律

⊙ 面部特写：混沌无面目

⊙ 混沌骨骼图

清浊不分，黑白颠倒

混沌，也叫作浑沌，是上古四大凶兽之一。关于它的传说有很多版本，甚至在世界各地的神话体系中，都有类似的神出现。在这些故事里，不论它的形象如何变化，情节如何不同，共同点就是，这些"混沌"的本质，都好似创世前一片迷蒙的状态，给人一种模糊一团、万物皆无的感觉。

在宇宙万物起源的神话里，在创世神来临之前，世界是一片迷蒙的，万物皆无具体的形态，也分不清方向，气、形、质三者浑然一体而未分离。"混沌初开"，就是在形容创世神刚刚来临，分开天地，世界逐渐形成时候的状态。也就是说，混沌通常指事物还不具象的初生阶段。

《神异经》中记载，昆仑山西边有一种像巨型犬一样的兽类，看不清面目，有肠子但是没有拐弯，吃下的东西都是径直通过。有器官，但是都不能按照正常的功能使用，进化不完全，还处于无序、未开化状态。这兽如果遇见有德行的人，它就会奔过去用头抵着人家，遇见恶人却能乖乖听从指挥，人们叫它混沌。这种性情，和《史记》中记载的黄帝的儿子很相似。传说黄帝的其中一个儿子总是包庇奸邪，喜欢做坏事，十分阴险狠毒。这种排斥所有善，但对所有恶都照单全收的性情就是典

型的清浊不分、黑白颠倒。混沌行凶作恶，倒行逆施，是非不明，只要不满足它的一己私欲，它就会肆意横行，成为四大凶兽中外貌最奇特，也最是非不分的形象。

《庄子》中有这样一个故事，说古时候有东、南、西、北、中五个大帝，中央的帝王叫作混沌，待其他人都很好。不过他没有眼、耳、口、鼻，不能像常人一样看、听、说、闻。南、北帝王倏和忽很想报答他，就想每天帮他凿出一窍，让他拥有正常的感官。七天之后，眼、耳、口、鼻都有了，但是混沌也死了。这是一个很黑色幽默的故事，混沌本身就是没有具体形态的融合状态，有了明确的七窍，能够具体地感知这个世界，反而死掉了。《庄子》的这则小故事，其实是在讲人们不应该用自己固有的想法去改造别人。往更深一步理解，混沌其实是最自然淳朴的状态，没有七窍，就没有欲望，虽然看似无序，但其实自有其序，甚至可以说是一种极致自由的状态。所以混沌才会对所有人都很好。

但是一旦拥有了七窍，至纯的混沌就彻底消失了，他死于南、北两帝看似好心的高傲和愚蠢，认为自己所体验的好，就是唯一的好，他也死于一种宿命——混沌已无，人类社会真正开始了挣脱欲望的永恒之战。

《山海经》中也有一个类似混沌的神。他生活在天山上，天山上盛产金属和玉，也出产石青和雄黄。天山里住着一个神，就像一个黄色的大肉团，浑身发着红色的光，有六只脚和四个翅膀，没有面部，叫作帝江。

这些故事里的混沌，似乎并不是同一个神，一会儿代表是非不分的恶，一会儿又代表最初、最本源的道。看似处于两个极端，但却正是古人大智慧的一种体现。因为大多数事物都有两面性，混沌原本只是一种模糊的状态，但混沌是好还是坏，就看人们对这种事物如何理解了。古人正是在赋予神话人物不同的故事情节时，逐渐完善属于那个时代的伦理纲常。

穷奇

少皞[1]氏有不才子，毁信废忠，崇饰[2]恶言，靖谮庸回[3]，服[4]谗[5]搜慝[6]，以诬盛德，天下之民谓之穷奇。

——《左传》

1. 少皞（hào）：即少昊，中国古代神话中的西方天神，五帝之一。
2. 崇饰：粉饰、夸饰。
3. 靖谮（zèn）庸回：语言善巧而行动乖违。
4. 服：信服。
5. 谗：持续不断且无从追溯的诽谤言论。
6. 搜慝：隐瞒有罪行的人。

译 文

　　天帝少昊有一个不成才的儿子，损毁信义忠贞，喜欢听恶言，话说得好听但坏事做尽，相信诽谤的言论，帮人隐瞒罪行，欺瞒圣德，天下人叫他穷奇。

⊙ 翅膀特写：飞行
速度很快

⊙ 刺特写：身上长着
坚硬的刺，如同刺猬

⊙ 穷奇骨骼图

惩善扬恶，罄竹难书

　　《山海经》中记载穷奇长得像老虎，也有说像牛的，长相非常丑陋。它有一双翅膀，飞行能力很强，身上长着像刺猬一样坚硬的刺，是保护自己的武器，让人无法轻易近身。更可怕的是，穷奇的叫声与猛犬类似，声音洪亮且具有穿透力。它喜欢吃人，尤其喜欢从头部开始享用，是特别凶恶的异兽。

　　穷奇还有一个名称叫作神狗，除了叫声和狗的叫声相似之外，它还像狗一样喜欢追逐别人。因为它总是飞来飞去，乱跑一通，速度又很快，所以还有人误以为它是风神的儿子。穷奇能听懂人语，只要听到有人高声说话就会立刻飞过去一探究竟，以追着别人四处逃窜为乐。汉代的《神异经》里说，只要它发现有人在争执打斗，就会跑过去，把有理仁善的一方一口吃掉，或者上去就咬掉别人的鼻子，然后把自己捕捉到的野兽作为礼物送给作恶的一方，来鼓励那些恶徒继续作恶。这种叼着战利品"邀功"的做法也有些像小狗叼着玩具和主人嬉闹，但性质之恶劣却是令人发指的。

　　梼杌、饕餮和混沌因为不懂情、不明理而犯下诸多错误，但穷奇既能听懂人语，又能分辨争执双方谁对谁错，这就是明知故犯、惩善扬恶，更加可恶。所以古人也把小人、恶人直接叫作穷奇。

四大凶兽各有各的恶，但他们全部出身于名门望族。穷奇也出生于黄帝家族，他的父亲也是上古五帝之一——少昊，是黄帝的长子。《左传》里说，少昊有一个损毁信义忠贞、喜欢听恶言、只相信诽谤言论的儿子，就是穷奇。他还会用好听的话来掩盖自己做的坏事，也帮恶人隐瞒恶行。仁善得不到保护，恶人又总是受到鼓励，公道完全颠倒，使得世道日衰，人心惶惶。

说起来，梼杌、混沌和穷奇可以算是一家人，混沌是黄帝的儿子、穷奇是黄帝的孙子、梼杌是黄帝的曾孙。《左传·文公十八年》载："缙云氏有不才子，贪于饮食……天下之民以比三凶，谓之饕餮。"缙云氏是黄帝的号。可见饕餮也是黄帝的儿子。这个巧合非常耐人寻味，四大凶兽出身于有名望又出大德之人的家族，一方面得到了强大的神力，另一方面他们令人不可置信地做出了很多极度恶劣的行径。不过，圣人的子孙里出现一些不成才的人物，也是可以理解的。而且当这些故事附着在圣王之子的身上时，似乎更能起到警戒大众的作用。

少昊是东夷部落的首领，部族里有二十多个以鸟命名的部落，尤以凤族最为尊贵，他们掌握着天文历法，指导部落的农桑。这可能也是穷奇拥有翅膀的基因所在了。少昊迎娶了凤鸿部落的首领，手工业和农桑业都发展得很好，人民安居乐业。

《神异经》里还说穷奇会吃蛊。蛊是吃人脏腑的恶虫，穷奇和腾根专吃蛊虫。我们可以发现，到了汉代的时候，穷奇这个凶兽反而向天神转化，汉代墓葬中也能发现更像牛的穷奇形象出现在壁画或墓门上。可见汉代时，人们将穷奇的"凶"用在了辟除邪魅上，以凶治恶，便把它的功能发挥到了"正向"的地方。

穷奇最终被舜帝降服，被禁锢在了西北方。自此，百姓们对于它的恐惧日益减少，日子也渐渐安定了下来。穷奇形象凶恶，被人们用来吓退邪魔，比如后来的一些节日仪式中，人们就用有穷奇形象的器物来吓退各方鬼魅。

鸾鸟

西南三百里，曰女床之山……有鸟焉，其状如翟[1]
而五采文，名曰鸾鸟，见则天下安宁。

——《山海经》

1.翟: 古书上指长尾的野鸡。

　　向西南三百里，是女床山……山上有一种鸟，长得像长尾的野鸡，全身有五彩的花纹，名字叫作鸾鸟，它出现的时候天下太平安宁。

⊙ 羽毛特写: 羽毛青色,
能反射出五彩的光芒

⊙ 冠特写: 头顶带冠,
像公鸡

⊙ 鸾鸟骨骼图

与凤凰同宗的神鸟

鸾鸟是中国古代传说中的一种神鸟，与凤凰同宗。《淮南子》中说，飞龙生凤凰，凤凰生鸾鸟，鸾鸟生庶鸟，凡羽者生于庶鸟。所以鸾鸟也算鸟类的祖先，它在鸟类中的地位仅次于凤凰，经常被一起提及。

《符瑞图》里描述了鸾鸟的长相，说它长得像鸡一样，也有冠，但体格比较大，身上有五彩的羽毛，叫声非常好听，能歌善舞。也有说鸾鸟其实就是青鸟，所以羽毛是青色的，但在阳光下可以反射出五彩的光芒。鸾鸟和凤凰是同宗同源，它一直辅佐凤凰，长相差异不是非常大，也是一种代表吉祥的瑞鸟。

鸾鸟是神鸟中的歌唱家，它的声音自带五声音阶。这五音指的就是中国传统的五声音调——宫、商、角、徵、羽。用现在的简谱音符来比照，宫相当于 1（Do），商相当于 2（Re），角相当于 3（Mi），徵相当于 5（So），羽相当于 6（La）。五音对应五行，相互和鸣，使得"音乐"出现在了华夏大地上。我们现在能听到的很多古老的国风音乐，都是在这五音基础上创作出来的。

鸾鸟的歌声非常动听，是能带来幸福的音乐，任谁听到了都忍不住驻足。纳兰性德在《月上海棠·中元塞外》词中说："青鸾杳，碧天云海音绝。"鸾鸟不见了，整个天地间就再也听不到好听的声音了。如果能再看到鸾鸣凤舞的场景，那就是非常大的荣幸了。陶渊明曾用"灵凤抚云舞，神鸾调玉音"来描绘这样的生动场景。因为鸾鸟声音美妙，所以古人制作了声音相似的铃，叫作鸾铃，用以装饰帝王的车驾，车行在路上叮当作响，特别好听，也显得十分威严，于是有了鸾车的说法，后来叫作銮车。唐诗云："凤辇迎风乘紫阁，鸾车避日转彤闱。"这句诗就是表现鸾车彰显的高贵地位，每当鸾铃响起，就传递了皇上要来了的信号。

鸾鸟在古时候也代表送信的使者。有个词叫作"鸾音鹤信"，鸾鸟和仙鹤带来的信息，比喻从仙界来的音信。古代神话中，很多神鸟都是神仙的坐骑或者侍从，如果说鸾鸟与青鸟是同一种鸟，那么它就是西王母的侍从。每当西王母要外出的时候，都是青鸟先去报信，告诉对方说，西王母就要来了，可要准备好招待。李商隐的诗中说："蓬山此去无多路，青鸟殷勤为探看。"蓬山就是蓬莱山，是神话传说中的仙山，但是去蓬莱山是没有路的，只能靠青鸟来回传递消息，这也从另一个侧面印证了"鸾鸟者，见则天下安宁"，仙境的传信使者，带来的一定是好消息。

鸾鸟是非常高傲的鸟，一生都在寻找忠贞的另一半，但它并不总是出双入对地出现，而是孤家寡人一个，所以人们也把它当作寻找爱情的象征。《长安古意》中写道："得成比目何辞死，愿作鸳鸯不羡仙。比目鸳鸯真可羡，双去双来君不见？生憎帐额绣孤鸾，好取门帘帖双燕。"如果和另一半能够像一对比目鱼一样和谐美满，那谁还会害怕死亡呢？只愿做一对鸳鸯也不羡慕天上的神仙。一双一对的比目鱼和鸳鸯让人羡慕，它们出双入对的样子谁没见过？最讨厌帐子上绣的一只孤零零的鸾鸟，得取下来换上绣着双飞燕的门帘才行。鸾鸟在一众和姻缘相关的动物里是唯一单身的，就显得很孤苦可怜了。

相传罽（jì）宾国国王在峻祁山曾经得到过一只鸾鸟，请回去圈养了起来。罽宾王用纯金打造笼子给它住，喂的吃食都是珍馐美味，只想听听鸾鸟吉祥美妙的歌声。但三年过去了，鸾鸟始终没发出过一声。夫人对罽宾王说，听说鸾鸟要跟自己的伴侣在一起才会和鸣，不如拿一面镜子给它，它以镜中自己的身影为伴，自然能唱起歌来。罽宾王觉得可行，就找来了镜子，放在鸾鸟面前。谁知道鸾鸟看到镜中的自己，愤恨交加，一声悲鸣，冲破九霄，一下子就死了。因为这个故事，后人也把梳妆的铜镜叫作鸾镜。

鸾鸟的孤高与骄傲，仿佛同它这声悲鸣一起迸发了出来。但悲鸣后便身亡命殒了，也预见了它终其一生寻找同类而不得的命运。

鲲

終北之北有溟海者，天池也，有魚焉，其廣數千里，其長稱焉[1]，其名為鯤。

——《列子·湯問》

1. 称焉：与之相称。

终北国的北边有一片幽深大海，是天池，里面有鱼，宽度有数千里，长度也差不多，它的名字叫作鲲。

世上最大的一条鱼

庄子《逍遥游》里，我们最耳熟能详的句子就是"北冥有鱼，其名为鲲，鲲之大，不知其几千里也"，尽显庄子的大格局，每一处关于大小的描述，都是极想象之极限，常人不可能见到。

北冥就是北方的海，传说在世界的最北端，远到连太阳都照射不到，无边无际，水深到看起来一片漆黑。海里有一条巨大的鱼，叫作鲲，大到不知道有几千里，甚至没有人见过它的全貌。这是什么概念呢？《神异经》中形容："行者一日逢鱼头，七日逢鱼尾。"要七天时间才能从鱼头看到鱼尾，可见它的巨大已经到了超乎想象的地步。

很明显，这是庄子设计出的极度夸张、不现实的场景。明朝的德清在《庄子内篇注》里说，北冥的大和广，是在比喻大道，鲲则是大道之中养成的大圣胚胎，只有北冥这样大的水域才能养成鲲这样大的鱼，也只有真正的大道之理，才能孕育出真正的大圣之人。庄子的道家逍遥论在这一句中体现得非常具体，足够大，才有容人之地。所谓"海纳百川"，而北冥已经不止百川的容量，更能凸显它的包容。《天龙八部》里，逍遥派的最高武学就是北冥神功，这里的"北冥"就是来自《逍遥游》，取了兼容并包的特点而命名。北冥神功是非常注重内力的功法，练成之后全身每一处穴道都可以吸收别人的内力，能兼容天下所有的武功。内力越丰厚，功力越强大。

《尔雅》里说，鲲本来是指鱼子，是小鱼的名字。庄子用它来命名一个世界上最大的鱼，是他表现自由精神的巧思。事物的意义似乎是被称呼所确定的，但反过来看这何尝不是一种束缚呢？用"鱼子"来命名"不知其几千里"的大鱼，看似不合理，但在庄子看来，又有什么不行呢？这本身就是一种精神上的"逍遥"。所以鲲在《逍遥游》里，其实是一个富有含义、非具象化的代指，指的是一种自由逍遥的精神。这样的精神，需要北冥这样广袤的环境才能产生，也预示一种强大的心灵力量。

鲲在古文记载中出现得并不多，就连《山海经》中也没有记载。这就让很多人联想到鲸鱼，因为在古人眼中，鲸鱼是一种稀有的动物，而且有着非常大的体形。汉朝时，已经有了龙涎香的出现，它是抹香鲸的一种分泌物，干燥后能发出持久的香气，点燃时更香。从那个时候开始，龙涎香已经成为皇宫中使用的御用香料。之所以御用，就是因为鲸鱼并不是随处可见，分泌物更是难收集，所以显得稀有珍贵。

巨大的事物总会让人产生惧怕，在中国古代神话中，战斗力越强、神力越大的神，好像体格就越大。大代表着极致，所以鲲想必是具有很大神力的神兽。不过你也不用担心，它是益兽，能和海洋里的生物和平相处，从不利用神力和体格来欺负其他鱼类。它虽大却灵活，可以在北冥中自由穿梭，当然也只有北冥才能承载鲲。因为它的大，也因为它是仁德的上古神兽，总给人以无限广阔、气势恢宏之感。

鲲即便再自由，但是除了北冥也没有其他水域可以承载得了它，那是不是又变成了不自由呢？这就要说起"鹏"的故事了。鲲鹏可以相互转换，从大鱼变成大鸟，能一直飞到南冥去。这不仅是庄子向我们展现的宏大宇宙观，也是自由的终极体现——形态任意、空间任意，随心所欲。

⊙ 鱼鳍特写：鲲行动快速，跃出水面后，鳍化为了翅膀

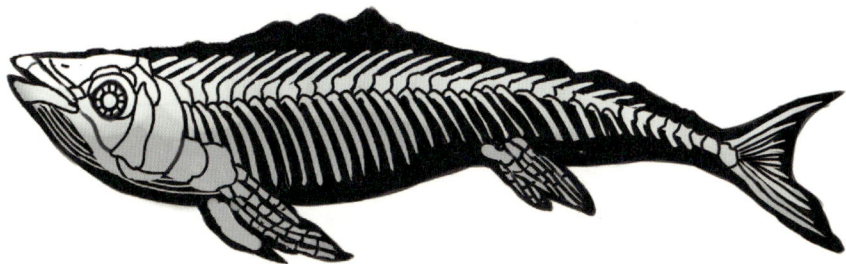

⊙ 鲲骨骼图

鹏

北冥有鱼，其名为鲲……化而为鸟，其名为鹏。鹏之背，不知其几千里也；怒[1]而飞，其翼若垂天之云。

——《庄子·逍遥游》

注 释

1. 怒：同"努"，奋力。

译 文

　　北冥有大鱼，名字叫鲲……它可以变成鸟，叫作鹏。鹏的背，不知道有几千里大；振翅而飞，翅膀大得就像垂在天上的云。

⊙　鹏骨骼图

81

世上最大的一只鸟

鹏是鲲在空中的化身，当鲲奋力跃出水面时，鱼鳍逐渐变成了翅膀，就变成了鹏。鹏出现之后，鲲就不再只是一条巨大的鱼，而是变成了两栖动物——在水中是鲲，在空中就是鹏。

鹏有着巨大的双翼，和鲲一样，体形大到无法丈量。振翅而飞九万里的鹏，几乎可以将天空都遮住。它从水中跃出后，向南一路飞行，飞到南边的大海。因为鹏的双翼硕大，所以它在空中可以一直呈现滑翔的姿态，一旦扇动翅膀，就会造成狂风，能激起水面上三千里的海浪，海面上急骤的狂风盘旋而上，直冲九万里的高空，这就是李白诗中所云："大鹏一日同风起，扶摇直上九万里。"

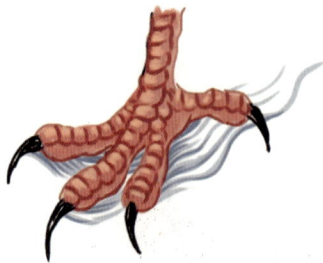

⊙ 爪特写

⊙ 羽毛特写

鲲从水面跃出，克服了水的阻力变成鹏展翅而飞，但也需要有足够大的风在它下面，才能一飞冲天。风聚集了力量才能托负巨大的翅膀，所以风是阻力，同时也是动力，风越大，阻力越大，就越能托起更大的翅膀。水对鲲来说，也是同样的道理。

鹏飞往南冥的时候，小麻雀还嘲笑它说："我只能飞十几尺高，就在这些蓬蒿之间飞来飞去，也很开心，你飞那么高那么远，又是何必呢？"鹏没有回答，只是继续往南飞去。在鹏的眼中，高空里的世界只有一片混沌，又怎么会听见蓬蒿里小麻雀的讥笑呢？这似乎在告诉人们，只有飞得够高，摆脱了低空中的俗务，才能实现真正的"自由"，目标也会越来越清晰。

鲲鹏让庄子的《逍遥游》显出开阔磅礴的气势，庄子以这两只极大的动物描绘出了一个浩瀚的远景视野，北冥和天空无疑都是托住鲲鹏的外部条件，可以是欲望，更可以是动力，而鲲和鹏则是内心的"道"。《逍遥游》中用"图南"来指代鲲鹏南去的过程，飞往南冥的迁徙过程，是鲲鹏克服困难、奋力展翅的过程，也是心跟随自然追求大道的过程。要实现"水击三千里，抟扶摇而上九万里"，需要足够的准备、足够的力量、足够的坚定、足够的动力。它们是庄子笔下大到几乎不能理解其存在的神兽，可以让人得到全新的思考，打破原有的思维。这就是庄子的鲲鹏理论，也是人间"逍遥"的大智慧。

在《说文解字》中，鹏就是凤的古字。"凤飞，群鸟从以万数，故以朋为朋党字。"《神异经》里描述过一种巨大的鸟，叫作"希有"，我们通常认为是鹏的别名，书中说昆仑山上有高耸入天的铜柱，上面有一只叫作希有的大鸟，向着南方而立。左边翅膀张开能覆盖到东王公，右边翅膀张开能覆盖到西王母，十分巨大。它的背上有一处没有羽毛的地方，有一万九千里那么长。西王母要去找东王公，只要踏上它的翅膀就行了。

受庄子《逍遥游》的影响，佛教传入中国后逐渐出现了金翅大鹏这一形象，是天龙八部众之一，可以与恶兽战斗，保天下太平。它有五种神通：神足通、他心通、宿命通、天耳通、天眼通。它的爪子、嘴都像钢铁一样坚硬，头顶上有闪闪发光的宝石，翅膀上的羽毛就像剑一样锋利，住在大铁树上。《西游记》里，在狮驼岭为难唐僧师徒、最终被如来佛祖收服的，也是一只大鹏鸟。在我国藏族传说中，更有大鹏分开天地的创世歌谣，他们认为大鹏是藏族的祖先，很多藏族人都会佩戴金翅大鹏鸟的形象在身上，希望可以获得吉祥、智慧与力量。

诗人们非常喜欢用大鹏作为志向高远、气概豪放的象征，尤其是李白，许多诗句中都出现了鹏，比如"溟海不振荡，何由纵鲲鹏""云垂大鹏翻，波动巨鳌没"。我们现在经常用鹏来比喻拥有远大理想且有能力的人，"鹏举鸿飞""鹏程万里"一类的词语则是比喻远大的前程和抱负。

毕方

有鸟焉，其状如鹤，一足，赤文青质而白喙，名曰毕方，其鸣自叫也，见则其邑[1]有讹火[2]。

——《山海经》

1. 邑（yì）：城市，人们聚居的地方。
2. 讹火：怪火，也指磷火。

　　有一种鸟，体形像鹤，但只有一只脚，青色的羽毛上有红色的花纹，嘴巴是白色的，它的名字叫毕方，叫声像是在叫自己的名字，它在哪里出现，哪里的城市就会有奇怪的野火。

⊙ 羽毛特写：羽毛带火

⊙ 毕方骨骼图

⊙ 脚特写：形似丹
顶鹤，只有一只脚

性格怪异的大火之兆

　　毕方出现是中国神话中火灾发生的征兆，它的外形像鹤，但面部特征与人类相似，喙是白色的，全身长着青色的羽毛，上面有很多红色的花纹，远看像火一样。最奇特的是，它只有一条腿，只能跳跃式前进，站在那里像丹顶鹤一样。

　　《山海经》中说，毕方叫起来的声音听着似"毕方"，所以得名，也有说听起来像是木头和竹子被火烧的"噼啪"声，甚至把它叫作"木神"。《淮南子》称"木生毕方"，这种说法与中国古代五行的讲究有关。木火相生，古人能钻木取火，认为木能生火，而毕方就代表火，所以会说"木生毕方"。

　　毕方是黄帝忠诚的侍卫。黄帝蚩尤大战之后，天下虽然得到了短暂的和平统一，但蚩尤的势力并没有被完全灭除，他们仍然跃跃欲试，企图卷土重来。后来蚩尤的部下相柳用法术召唤来了蚩尤的魂魄，在黄帝驱车途中偷袭他，把黄帝吓得不轻。还好那时天空突然出现了一只浑身是火的鸟，一边叫着"毕方"，一边向蚩尤的魂魄攻去，才保护了黄帝。自从这次救驾后，毕方就成了黄帝十分信任的护卫。其实这不是毕方第一次为黄帝解围了，早在黄帝还在四处征战的时候，毕方就帮助过他封锁泰山的敌军。后来有一次黄帝在泰山召集所有鬼神，想要开开眼界，他坐在宝车里，由六条蛟龙拉车，旁边就站立着毕方。

毕方不食五谷，它的食物是人们惧怕的火焰，实在特殊。张衡在《东京赋》里说，毕方总是嘴里衔着火球，飞到别人家附近就把火球丢进去制造火灾，所以是灾难的象征。这种说法在唐代时尤为兴盛，元和七年（812），永州地区总有火灾发生，有人说见到许多只有一只脚的怪鸟在大殿之上出现。柳宗元写《逐毕方论》，以这样的方式来攘除火灾。

毕方真的是这么凶恶的神兽吗？也许并不一定。上古时，我们的祖先还在茹毛饮血的原始时期，人们常年在大地上与恶劣的自然环境做斗争。传说那时火种被天帝保管在天上，不得给人间使用。有一年冬天，雪格外大，无法御寒的人只能冻死在野外。毕方是侍奉天帝的童子，见到人间苦难，十分不忍，就偷偷把火种送到了人间，给了一位青年。从此人们获得了火种，能把食物煮熟了吃，也有了光明和温暖，所以人们也把毕方视为带来生机的火神。

毕方代表了温暖和光明，同时代表了人们对火的恐惧，也代表了人们对火的崇敬。人们需要火时，毕方就是带来火种的希望之光；当火被不善利用或为生活带来灾难时，它又成了纵火的凶手。人们不愿看到火灾酿成的悲剧，所以竭尽所能地刻画它的凶，以提高警惕。常有人为毕方打抱不平，是生活需求的不断变化造就了人们对火的不同态度，也就有了亦正亦邪、有吉有凶的毕方。

不管怎么说，是毕方把火种带到了人间，它始终是为人们带来温暖和光明的神鸟。

重明鸟

有祇支之国[1]献重明之鸟，一名双睛，言双睛在目。状如鸡，鸣似凤，时解落[2]毛羽，肉翮[3]而飞。能搏逐猛兽虎狼，使妖灾群恶不能为害。

——《拾遗记》

重明鸟

1.祇（zhī）支之国：中原的一个附属国。

2.解落：散落。

3.翮（hé）：本意是羽毛中间的空心硬管，代指鸟的翅膀。

译 文

　　祇支国贡献了一只有两个眼珠的鸟，叫作双睛鸟，因为它的每只眼睛里都有两个眼珠。它长得像鸡，叫声像凤凰，有时会散落自己的羽毛，用没有羽毛的翅膀拍打身体起飞。它能跟虎狼这样的猛兽搏斗，让妖怪凶兽都不敢作恶。

⊙ 重明鸟抖落羽毛示意图

⊙ 重明鸟骨骼图

⊙ 眼睛特写：每只眼睛
里都有两个眼珠

长着两个眼珠的神鸟

重明鸟，也叫双睛鸟，是非常奇特的神鸟，它的每只眼睛里都有两个眼珠，所以才叫作重明鸟。它的体形长得很像鸡，叫声像凤凰一样高亢嘹亮。

传说五帝中的舜帝就是重明鸟转世，因为他的眼睛里也有两个眼珠。舜的父亲叫作瞽（gǔ）叟，是个瞎子。有一天他做了个梦，梦见一只重明鸟飞到他身边，嘴里叼着食物来喂他，还问："我来给你做儿子好吗？"瞽叟听了非常开心，刚想回答梦就醒了。他把这个好梦告诉了媳妇，媳妇嘲笑他说，你不是想儿子想疯了吧。后来，瞽叟的媳妇怀孕了，生产的那天有人看见一只像鸡的鸟飞来瞽叟家门口，一直叫，声音十分好听，直到瞽叟的媳妇生产完才离开。让人惊讶的是，这个刚生下的婴儿有双重眼珠，就好像老天把瞽叟这一双眼睛还在了儿子身上。瞽叟立刻想起了关于重明鸟的梦，认定儿子一定是神鸟转世，长大后一定有大出息。后来的故事大家都知道了，舜成为上古五帝之一，是一位明德的好帝王。

虽然有四个眼珠，但重明鸟的长处并不在视力上。它非常善斗，是所有神鸟中最有战斗力的一个，算是鸟中的武将。虽然体形不是很大，它却能打败比自己大很多的猛兽，即便对方拥有利爪獠牙也不是它的对手，豺狼虎豹听见它的叫声都要赶紧躲起来。正因为妖魔鬼怪都怕它，所以百姓都很喜欢它，认为有它在就不会遭受邪魔的侵扰。不过重明鸟从不用自己的这一身本领去欺压良善，是真正的神鸟。

重明鸟还有一个与众不同的习惯——经常把身上的羽毛全抖落掉，用光秃秃的肉翅膀扑打着身体，飞向空中，去帮人们解决困难，和妖怪战斗，这就是名副其实的"赤膊上阵"了吧。但不知何时，它的那些羽毛又能很快地长出来，仍旧是威风凛凛的样子。

重明鸟很挑食，十分难养，一般食物它都不吃，只喝最鲜美的美酒。拥有神力的鸟果然就是不一样，竟然是个"酒鬼"。

因为它的这个喜好，百姓都拿出自己家里酿得最好的琼浆玉露，希望能吸引重明鸟驾临，以保全家无虞。但重明鸟并不能日日来临，有时候一年飞来一次，有时候几年都来不了一次，所以人们又用木头、金子等塑成重明鸟的像，放在门口保平安。

在民间习俗中，每逢春节，人们总喜欢在门上挂上大公鸡的年画，或者在窗上贴上大公鸡的窗花。这个习俗其实是从对重明鸟的崇拜演变而来的。最开始，那些年画、窗花都是重明鸟的形象，妖魔禽兽看见了就不敢进门。后来慢慢变成了大公鸡。《玄中记》中记载了一种天鸡，它住在度朔山上的一棵大树上。当新升的第一缕阳光照到这棵大树上，天鸡就开始啼叫，紧跟着，全天下的鸡都叫了起来，一天就正式开始了。这个天鸡很可能就是重明鸟。

人们喜爱重明鸟，希望借助神力来对抗邪魔鬼怪。在古代，许多神兽都肩负着为人们保护家园的重任，但其实真正在保护他们的，是他们心中对美好生活不懈追求的意志。

比翼鸟

崇吾之山有鸟焉，其状如凫[1]，而一翼一目，相得[2]乃飞，名曰蛮蛮，见则天下大水[3]。

——《山海经》

比翼鸟

1. 凫（fú）：野鸭。
2. 相得：相互、互相。
3. 大水：发洪水。

译 文

　　崇吾山上有一种鸟，长得像野鸭，却只有一只翅膀和一只眼睛，两只鸟在一起相互帮助才能飞起来，这种鸟的名字叫作蛮蛮（比翼鸟的别名），每当它们出现，天下就会发洪水。

⊙ 比翼鸟骨骼图

⊙ 眼睛特写：比翼鸟只有一只眼睛

⊙ 翅膀特写：比翼鸟只有一只翅膀

完美爱情的化身

"在天愿作比翼鸟，在地愿为连理枝。"这句诗出自唐代著名诗人白居易的名篇《长恨歌》，写的是唐玄宗与杨贵妃的爱情悲剧。这句诗像是他们的爱情誓言：在天上我们要做一对比翼鸟，在地上我们就要做两株缠抱在一起的连理枝。这样形影不离、相爱相守的愿望，成为后世对美好爱情的浪漫想象。比翼鸟，也成为不离不弃的情侣形象。

《山海经》中说，比翼鸟生活在崇吾山上，雌雄两种鸟相似又不同，一只是青色的，另一只是红色的。它们分别只长了一只眼睛和一只翅膀，可都长在了不同的一侧，所以要雌雄两只在一起，才能构成一只完整的鸟，像连体婴一样。如果单独生活，它们只能用一只眼睛看，也没办法好好地飞起来。比翼鸟是非常重情的鸟，一旦决定在一起了，就会一生一世相守，绝不分离。它们单独一只的时候是不完善的自己，结合在一起，反而给了彼此最好的依靠和帮助，所以它们的感情自然是很坚固的。这像极了人们对美好爱情的想象——长相厮守、忠贞不渝、你我不分。

关于比翼鸟，也有一个传说故事。有一个家境穷苦的男孩儿，名叫柳生，住在黄河附近的小村庄里。他从小就喜欢和鸟儿打交道，会学鸟叫，时间长了就练就了能跟各种鸟儿对话的技能。后来柳生的母亲生病了，他只能去黄员外家打工赚钱为母亲买药。后来，他因为一只金丝雀和黄家小姐日久生情，两心相悦。但黄员外是不可能同意这段姻缘的，他派人把柳生打了一顿，并且让人把他扔到黄河里。黄小姐听说后，急火攻心，口吐鲜血，当场去世，却从心口跳出了一只单翅的小鸟，一路往黄河方向飞去。此时黄河边的柳生正在命悬一线的危急时刻，他看到了这只小鸟就闭上了眼睛，随即被扔到了黄河里。这时，从柳生的心口也跳出了一只小鸟，也只有一只翅膀。两只小鸟奔向了对方，合在一起，振翅飞向天空，终于自由了。这对小鸟就是比翼鸟，而柳生和黄小姐的爱情也终于挣脱了束缚，可以永远相守了。

不过比翼鸟也有灾祸的象征意义，《山海经》中说"见则天下大水"，只要它们出现，就预示着洪水滔天。也有人说，它们只是能感知自然灾害的来临，能够提前躲避。《博物志》中说，比翼鸟是吉祥的鸟。《瑞应图》中也说："王者德及高远，则比翼鸟至。"如果帝王政绩好，比翼鸟就会到来。这听起来更合理一些，国家太平，人们安居乐业，民风开放，没有恶事发生，自然会招来神鸟生活，这是万物趋利避害的本能。而今天，比翼鸟通常被我们当作美好爱情的象征，比喻夫妻之间伉俪情深，永不分离。

三足金乌

昆仑之弱水[1]中，非乘龙[2]不得至。有三足神乌，
为西王母取食。

——《太平御览》

三足金乌

羿

1. 弱水：古代水名。
2. 乘龙：乘坐龙车。

昆仑山旁边有一条河叫作弱水，一般的船只不能在上面行驶，人们只有乘坐龙车才可以往返。有一只长了三只脚的神鸟，从弱水上飞来飞去，为西王母取来食物。

⊙ 羽毛特写：羽毛笼罩着金光

⊙ 三足金乌骨骼图

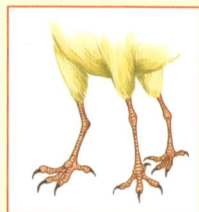

⊙ 脚特写：金乌有三只脚

102

带来光明的太阳鸟

三足金乌，也叫作太阳鸟，传说是驾驭太阳车的神鸟。东汉王充在《论衡·说日》中说"日中有三足乌，月中有兔、蟾蜍"。阳光照耀着三足金乌，周身金光闪闪，所以也叫赤乌，代表了太阳。

古蜀人是非常注重太阳崇拜的，四川成都的金沙遗址曾出土带有三只神鸟的青铜器，每只鸟都只有一只脚，展翅绕着太阳飞翔，姿态十分华丽。这种三鸟三足的纹饰对后世产生了很大的影响，战国和秦时的铜镜上、汉朝瓦当上、《羿射九日》画像石上都有三鸟环日图，马王堆汉墓里的帛画上也绘制了太阳鸟画像，但只有两只脚。所以三足金乌有一个从单足，到两足再到三足的演变过程，其原型就是乌鸦。

《山海经》里说，金乌是天帝帝俊和太阳女神羲和所生，一共有十只。羲和是光明的缔造者，每天驾着太阳车，从东边的扶桑神树出发，在天空中跑一圈，晚上再降落在西边的若木神树上。就这样周而复始，一天都没停歇过。这十只金乌每天轮流跟着羲和一起巡视人间，为世界带来光明和温暖。金乌"太阳的代言人"的身份十分深入人心，比如白居易就有诗云"天地迢遥自长久，白兔赤乌相趁走"，形容日升月落、周而复始的变迁。

说到十只金乌，就不得不说说羿的故事。有一天，这十只金乌贪玩，不顾羲和定下的规矩，全都来到了人间，十个太阳齐齐挂在了天上。一个太阳能为人们带来温暖和光明，可十个太阳却能烤焦大地，烧毁庄稼，人畜没处躲避，搞得生灵涂炭。许多怪兽也趁机跑出来祸害人间，酿成大祸。这时人类英雄羿出现了，他用惊人的射箭技术和力量，把九只金乌射了下来，只留下最后一只在天上，并把出来为祸人间的怪物降服，这才恢复了秩序。这就是羿射九日的故事。

随着科技的发展，人们猜测三足金乌或许就是太阳黑子。不仅因为肉眼看上去，它们都是太阳里出现的黑色物体，还因为太阳黑子活跃峰值年的雨量较少，会有气候干燥炎热的现象出现，这跟金乌出现时气候炎热干旱比较吻合。《汉书·五行志》记载，公元前28年，"日出黄，有黑气大如钱，居日中央"，这是世界上公认的关于太阳黑子最早的观测记录。这也展示出我国古代的科技水平以及对宇宙观测的能力。古人看到那么高、那么远的太阳上有肉眼可见的黑色物质，必然会联想到鸟类，能把太阳都遮出一块黑色，那一定是非常厉害的神物，所以关于金乌与太阳黑子之间的联想，就很容易理解了。

我们现在所见的乌鸦全身黑色，叫声不好听，性格很凶悍，喜欢吃腐肉，人们认为不吉利。但在古时候，它却是人们眼中可以带来吉祥的神鸟。《尚书传》里记载，周朝在建立之初，有很大的赤乌叼着种子站在周武王的屋子上，人们认为这是预兆周朝大兴的信号，所以才有"乌鸦报喜，始有周兴"的说法。《本草纲目》里记载了乌鸦反哺的现象，说乌鸦长大后，会反过来哺养自己的母亲，即便现代科学已经否定了这个说法，但乌鸦已经成为宣扬孝顺的典范。清朝时，乌鸦的地位也很高，满族人信奉萨满教，在萨满教里乌鸦是报警鸟，可以保佑平安。努尔哈赤逃亡路上，是乌鸦帮助他躲过了追杀，被满族人认为是救过满族祖先的神鸟。

太阳崇拜在世界其他地方神话中也多有出现，比如古埃及文化和波斯文化。太阳为世界带来光明和温暖，而鸟在太阳崇拜文化中是一种明显的图腾，仿佛太阳可以主宰一切，金色的鸟就是它的"使者"。在中国，许多古代文物上都可以看到金乌的类似造型，或是振翅而飞，或是不怒自威，令人感到庄严而神圣。金乌也因为代表太阳，成功跻身瑞兽行列，被人们认可为代表祥瑞与和平的神兽。

鲛人

南海之外，有鲛人，水居如鱼，不废[1]织绩。其眼泣，则能出珠[2]。

——《搜神记》

1. 废：放弃，停止。
2. 珠：珍珠。

译　文

南海边上，生活着鲛人，他们像鱼一样住在水里，一直在做纺织工作。每当他们哭泣的时候，眼泪就会变成珍珠。

⊙ 龙绡纱的特写：白色，反光

⊙ 鲛人骨骼分解图

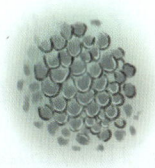

⊙ 鳞片特写

⊙ 鱼尾特写

107

全身是宝的东方人鱼

　　我们从小听过的美人鱼的故事都来自西方。美人鱼生活在大海里，长得十分美丽，歌声也非常动听。其实在中国古代神话故事里，也有人鱼的存在，叫作鲛人。

　　鲛人，又名泉先、泉客。《搜神记》中说，鲛人生活在南海，他们像鱼一样生活在水里，擅长纺织。《述异记》里也是这么说的，他们织出来的布叫鲛绡，又叫龙绡纱，白得像霜雪一样，非常薄，也很轻，放到水里不会被浸湿，有独特的光泽。这种鲛绡是非常贵的，百余金才能买得到。诗人们喜欢鲛绡，觉得它是优雅美丽的象征，能营造一种轻柔的氛围，后来也用鲛绡来形容宫里的美人跳舞时穿的薄纱。温庭筠写"掌中无力舞衣轻，剪断鲛绡破春碧"，陆游写"春如旧，人空瘦，泪痕红浥鲛绡透"，李商隐写"龙竹裁轻策，鲛绡熨下裳"。

　　《博物志》里说，鲛人靠卖这些鲛绡为生。他们从水中来到陆地，寄宿在别人家里做生意，临走时向主人要一个碗，然后就开始对着碗哭泣，主人以为是要离开了而依依不舍，后来才知道，鲛人的泪珠可是稀世珍宝，一颗一颗掉落在碗里就立马变成了珍珠，还是很上等的品种，可以当作房租送给主人。李商隐有诗句云"沧海月明珠有泪"，就是引用了鲛人眼泪变珍珠的传说。这个技能确实很令人羡慕，好像不用付出什么努力就可以得到好多回报。

　　欧洲神话中的人鱼，会用美丽的身姿和歌喉吸引海上的水手，一出现都是美人的样子。我们从小听过美人鱼的童话故事，美人鱼跟魔鬼换了一双腿，到陆地上追求心上人，最后化作了泡沫。但美人鱼其实也有很凶残的一面，一旦有人被他们的容貌和歌喉吸引来，人鱼就会把他们拖入海底吃掉。中国的人鱼到底长什么样子呢？《太平广记》中记载，东海里有一种海人鱼，比较大的有五六尺那么长，也就是普通人的高度。他们的头、五官和手都是美丽女子的样子，而且皮肤非常白皙，没有鳞片，只有和人类汗毛一样的细毛。他们生活在海里，也会被生活在海边的人捉住，养起来，娶回家做老婆，像普通女子一样生活。

　　鲛人真的存在吗？他们是从哪里来的？有人说南海鲛人是古时候某个国家为了逃避战乱，用法术改变了体质，从此躲入了水中生活。又有传说是渔人遇到海中的仙人，成为仙人的仆从，才有了鲛人一族。更近一些的传言发生在 20 世纪，有南海的渔民真的打捞到一具人鱼骨，可后来又神秘消失。

鲛人之谜的答案吸引着全世界去探索，但听了这些故事，结果似乎变得不那么重要了。人们创造出鲛人娇美又奉献的形象，是对美和善良的肯定，展现了劳动人民浪漫的想象力，普通人希望神力真正存在，甚至希望能得到神力，而让生活更加顺心顺意。

玄鸟

殷契[1]，母曰简狄，有娀氏[2]之女，为帝喾[3]次妃。三人行浴，见玄鸟堕其卵，简狄取吞之，因孕生契。

——《史记》

1. 殷契（xiè）：商朝建立者商汤的先祖。
2. 有娀（sōng）氏：有娀，上古时的部落名。
3. 帝喾（kù）：三皇五帝中的三皇之一。

译 文

　　殷契的母亲叫简狄，有娀族人，是帝喾的第二个妃子。有一次，简狄和其他人一起去沐浴，见玄鸟生了一个蛋，她拿去吃了，后来怀孕生下了契。

⊙ 商朝玄鸟的图腾

⊙ 玄鸟骨骼图

⊙ 爪子特写

天命玄鸟，降而生商

据《山海经》记载，玄鸟生长在幽都山上，这里的河叫作黑水，山上的动物有玄鸟、玄蛇、玄豹、玄虎等。幽都山上几乎所有东西都是黑色的，黑山黑水，连动物也都是黑色的。幽都在《山海经》中指的是地狱，所以人们猜测，幽都山很有可能藏着地狱的入口，一片黑暗，神秘莫测。

《诗经》中有一个著名的故事：天命玄鸟，降而生商。这就要追溯到商族的起源了。商族的始祖是契，契因为协助大禹治水有功，所以舜帝便将"商"这一地赐给了契，契及其后代就在这里生活繁衍，形成了商族。

契的来头不小，他的母亲名叫简狄，是三皇五帝之一帝喾的次妃。据说有一天简狄在山间沐浴时，偶然看到了一只玄鸟在她面前下了个鸟蛋，于是她便将鸟蛋吃了下去，结果立刻就有了身孕，随后不久就生下了契。而契又因为能力出众，成为了商的始祖，所以便有了"玄鸟生商"的说法。简狄是一位很好的母亲，她知天文，乐于帮助别人，对契谆谆教导，告诉他长幼尊卑的道理，教他什么是仁信。契也特别聪明，把母亲的教诲一一记在心中，后来治理一方族人，成为伟大的首领，而母亲简狄也因此名垂青史。

当时的商族还只是夏的一个属地，在契的管理下，逐渐有了自己的势力，也是从契开始，商族才有了子承父业的规则，进入父系氏族社会。商族也一直以玄鸟的后裔自称，对于玄鸟有着超乎常人的尊敬。他们将玄鸟作为自己的图腾，不仅要按期供奉、祭拜，甚至在商时期的古墓里，也可以看到各种玄鸟形象的陪葬品。多年以后的商汤时期，商族推翻了夏朝统治，建立了新的王朝。自此，商王朝出现在了历史的长河中。

玄鸟其实没有很多花哨的特别技能，但它春分而至，秋分而返，年年如此，非常有规律，人们根据它的行迹能知农时。春天玄鸟来时，人们纷纷来到旷野中进行祭祀，准备开始一年的劳作。这个时期怀孕生下的孩子，都被看作是"玄鸟所生"，人们希望玄鸟能降福于人，让自己的孩子也能像殷契一般聪慧仁德，有大出息。

原始社会由于生产力低下，人们总是对还无法理解的自然力量非常崇拜，比如雷电、火光等，于是产生了许多图腾，并企图通过祭祀等方式来加强图腾的力量，同时加强自己的力量。商族人对自己的祖先是玄鸟的故事深信不疑，并在商王的统治下努力奋斗，安居乐业。不管玄鸟是否真的存在，至少作为一个族群的图腾，它是人们的精神力量，带给了人们生活前进的方向。

商丘是商的发源地，商丘文化里到现在依旧把玄鸟放在非常重要的位置上。310国道的环岛中心有一座城市雕塑叫作玄鸟，周围是商丘人的交易场所，商贾云集。河南省安阳市的地标性建筑"玄鸟之春"代表着春天的希望，生活的希望。在这里，古老文明和现代发展汇聚在一起，延续着古人对部族兴旺的美好期望。

驺虞

林氏国有珍[1]兽，大若虎，五采毕具[2]，尾长于身，名曰驺虞，乘之日行千里。

——《山海经》

纣王

驺虞

1. 珍：宝贵的。
2. 毕具：齐全，完全具备。

　　林氏国有一种珍贵的猛兽，像老虎一样大，全身都是彩色的斑纹，尾巴比身子还长，名字叫作驺（zōu）虞，人骑上它一天能走千里远。

⊙ 驺虞奔跑时的骨骼图

⊙ 尾巴分解特写：尾巴奇长，却十分灵活，不影响奔跑活动

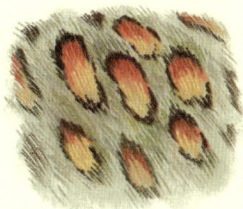

⊙ 毛特写：驺虞毛发有五彩的斑纹

117

日行千里的道德楷模

骓虞，又叫骓吾，《山海经》中记载，它生长在林氏国，大小如同老虎，在蓬松的皮毛中依稀点缀着五彩的斑纹。《淮南子》中说，骓虞只吃自然死亡的动物，它虽然长得像老虎，却性情驯良，连草都不忍践踏，绝不会像猛兽一样肆意捕猎、伤害无辜，对人类当然也十分友好。正因为这一点，古人将骓虞看作仁兽。它身后拖着一条比自己身体还长的尾巴，十分灵活，上下翻飞，是一道奇特的风景。长尾一点儿也不影响骓虞行进的速度，它一天可以跑上一千里。

电影《神奇动物：格林德沃之罪》中，各种稀奇动物的亮相是一大亮点，这其中就有不少动

物来自《山海经》，驺虞就在其中，长长的尾巴舞动起来，像一条飘逸的丝带卷成了旋涡，包裹着驺虞威风凛凛的大脑袋，十分夺人眼球。也因为这个亮相，驺虞又活跃在了人们眼前，成为在世界人民面前又一个中国符号。

欧阳修在《新五代史》中说："至于龟龙麟凤驺虞之类，世道所谓王者之嘉瑞。"他把驺虞跟灵龟、应龙、麒麟、凤凰这四大灵兽放在一起，认为它们都是显示国家安定的祥瑞。可见，驺虞在我国古代神话中，是有着很高地位的神兽。明成祖时，传说在河南钧州曾经出现过它的身影，样子庄重肃穆，看着是悍猛的野兽，但却非常温柔。臣子看到了，把它送往都城献给皇帝，认为这一定是因为皇帝礼贤恤民，恩施仁德，才能看到这样的祥瑞。皇帝看到后，命人找了一块好地方，建造了精美的建筑，设了香火，用来供奉驺虞。后人赞曰："山靡靡兮水泠泠，神所宅兮山有灵，驺虞出兮贡彤庭，帝王之瑞兮协图与经。"

商纣末期，周部落曾前往林氏国求得一只驺虞。他将求得的瑞兽进献给了商纣王，以此为条件救出了被关押的周文王。周文王归国后兢兢业业，励精图治，他的儿子周武王最终灭掉了商朝。商纣王为了一只瑞兽就放走了自己最大的敌人，愚蠢至极。虽然驺虞被献给了暴虐无度的商纣王，但它以另一种方式成全了真正的天下之主。

驺虞是道德的代表。古人认为驺虞出现的地方，通常都会出现德才兼备的人，所以古人也将有才有德的人比喻成驺虞，这一用法在古诗中多有出现。

　　后来，为了体现对驺虞的重视，人们在原本的四灵"龙、凤、龟、麟"中增添了驺虞，形成了"五灵"。龙被称为仁兽，凤被称作礼兽，驺虞被称作义兽，龟和麒麟被称作信兽。这五种神兽在瑞兽的排行中，一直位居前列。

甪端

秦始皇

甪端

1. 甪（lù）：兽名。
2. 四夷：古代对中原周边各部族的统称。
3. 方外：偏远的地方。

　　甪端每天能走一万八千里，通晓周边各部族的语言。当圣明的君主在位，仁德之名可以传播到很远的地方时，甪端就会出现。

⊙ 角部特写

⊙ 尾巴特写

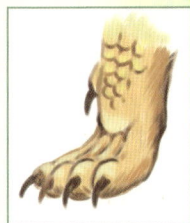

⊙ 脚部特写

精通语言的明君万事通

　　角端和麒麟长得很相似，都是有四只蹄子的神兽，但头上只有一只角，长在鼻子上，像犀牛一样。它的身形像鹿，身上是绿色的，有数十丈高，十分高大，奔跑速度很快，可以日行一万八千里。

　　角端身形魁梧，是仁慈的瑞兽，它喜爱和平，讨厌杀伐，从不欺凌弱小，也绝不会平白无故地去杀生，通常只吃为非作歹的虎豹。

　　关于角端的来历，有一个与秦始皇有关的传说。秦始皇统一天下之后，满世界搜罗宝贝，还建立了"禽兽园"，想要赏玩天下所有奇特的动物。可要把这世上所有的珍禽异兽都搜罗在一起，谈何容易。于是，秦始皇下令让管理"禽兽园"的官员试试杂交，看能不能生出新的物种来。几年以后，一只特别大的野牛生下了一对长着独角的怪兽，一雌一雄，从来没人见过。它们有着狮子的身体、龙的背、熊的爪子、犀牛的角，身上还有鱼鳞。"禽兽园"的官员开心坏了，连忙禀报秦始皇。这对兽后来被赐名"角端"。秦始皇命禽兽官继续繁殖，多多培育角端，可是五年过去了，还是不见它们生育出新的后代，皇帝大怒，下令斩杀禽兽官。角端知道后，为了不连累禽兽官，它们深夜里冲破禁锢，向南方奔去，一路上不停逃亡。它们跑到一个湖边歇息，当地好心人为它们提供食物，给它们搭起了棚子，让它们偷偷住在这里。角端对周围的居民感恩戴德，住了下来，如果平日里看到谁落水了，就立马去救，以此报答。自从它们定居下来，这里就风调雨顺，不再有天灾，成了当地的福星。后来两只角端去世了，人们就把它们合葬在了湖边。

元代陶宗仪的《南村辍耕录》里记载，当年成吉思汗建立蒙古国，统一各部落之后，又踏上了向外扩张的征途，征服了东亚、西亚、东欧、东南亚的很多国家，被称为世界的征服者。当他攻打到印度，追捕印度王子的时候，突然有一只高达十尺的兽挡在了路前。它全身绿色，长着犀牛一样的角，开口对成吉思汗说："你们快快返回。"成吉思汗问臣子们："这是什么怪物？"有臣子答说："这是角端，是瑞兽，能说人话，今天遇见，一定是上天派来提醒大王的。"成吉思汗听到后，立刻下令停止攻击，率领大军返回蒙古。

从这个故事中可以看出，角端最厉害的能力是可以说人话，精通中原周边各部族的语言，所以它不仅是动物中的领袖，在人类世界中也有着很高的地位。它借助自己的语言能力，为帝王传递消息，帮助帝王进行更好的统治，但它只为贤明的帝王服务。祥瑞现身，昭显人寿年丰，因此，角端的出现也象征着国泰民安、人世昌隆。它曾在多个朝代中出现过，每次出现都会被记录在古籍当中。故宫的太和殿里就有一对角端，放在大殿护卫两侧，有着明君贤相、世道清明的寓意。

无支祁

乃获淮涡水神，名无支祁，善应对言语，辨江淮之浅深，原隰[1]之远近。形若猿猴，缩鼻高额，青躯白首，金目雪牙，颈伸百尺，力斖[2]九象，搏击腾踔[3]疾奔，轻利倏忽[4]，闻视不可久。

——《太平广记》

大禹

无支祁

注 释

1. 原隰（xí）：广阔平坦和低洼潮湿的地方。
2. 窬（yú）：同"逾"，超过。
3. 踔（chuō）：跳跃。
4. 倏（shū）忽：转眼之间。

译 文

捉住了淮涡水神，名叫无支祁，它可以与人对话，能辨别长江、淮河的深浅，平原和低地的远近。它身形像猿猴，鼻子缩在一起，额头很高，身体是青色的，头是白色的，眼睛发出金光，牙齿雪白，脖子能伸百尺，力气比九头大象还要大，搏击、跳跃、奔跑的速度非常快，几乎达到看不见的程度。

⊙ 眼睛特写：双眼为金色

⊙ 头部特写：与猿猴相似，也被后人认为是孙悟空的原型

违法乱纪的淮河水神

《唐宋传奇集》中记载，无支祁是尧舜禹时期的一大奇妖，又叫淮涡水神。它的外貌与猿猴相近，脑袋是白色的，身体是青色的，一双火眼金睛，额头凸起，鼻梁塌陷，相貌看上去非常丑陋，却有着不凡的能力。它的力气超过九头大象，水性极好，在水中行走如履平地，常常兴风作浪，危害人间。

大禹治理洪水时，曾三次到达桐柏山，每到此地都会伴随狂风雷鸣。这种恶劣的天气情况导致大禹在此地一直停滞不前，他意识到一定是有妖兽作乱，便派人去水中寻找妖兽，才发现了无支祁。无支祁天生神力，很难收服，大禹连连败退，最终请来了战神应龙来战，才把无支祁用巨大的锁链捆住，再用金铃穿过无支祁的鼻子，把它打入水中。即便被抓，它还是不消停，最后大禹将它压在了淮水旁的龟山下，自此淮水才恢复了平静。

之后的很长一段时间，无支祁都没有在淮水作乱。直到唐代，有擅长水性的渔人在水中发现了一条粗长的铁链，铁链的两头不知锁在了哪里，只觉得一端应该是隐在了龟山之下，就将这件事情上报给了当地刺史。当地刺史找了数十个擅长潜水的人，加上五十头健壮的牛一起向岸上拉扯铁链。就在铁链移到岸边的时候，无支祁突然从水中蹿了出来，双眼发出耀眼的电光，吓退了附近围观的人。无奈被铁链束缚无法逃脱，无支祁最终将五十头牛一并拉入水中，从此销声匿迹。

传说无支祁就出生在花果山，是天生的神猴，之后还娶了龙女，生了三个孩子，后来它们也都成了危害人间的大魔王。无支祁的出身、火眼金睛和它被压在山下的结局，是不是让你想到了孙悟空？很多人都说，吴承恩把无支祁的故事搬进了《西游记》，作为孙悟空的原型，甚至还有人说无支祁就是孙悟空的祖先，而《西游记》中出现的六耳猕猴就是无支祁的儿子。

黄河附近曾经出土过宋朝铸造的无支祁铁像，这说明在一千多年以前，人们就已经开始产生了对无支祁的立像崇拜。大禹时期，它本来还是为祸淮水的怪兽，《上古神话演义》中写道：无支祁在淮水称霸几十年，建了龙宫，它的儿子都称为太子，千里之内的妖怪们都得听它号令。后来为什么它摇身一变就成了淮涡水神了呢？后来还有很多作品描写了它孝顺的故事，这经历了一个很明显的由恶变善的过程。有一种说法是，

生活在黄河边的人们常遭水患，他们始终想不到解决这个难题的办法，只好将希望寄托在神力上，所以关于水的神话崇拜非常多。无支祁虽是恶兽，但它神通广大，假如能借助它的神力压制水患，倒是可以解决不少问题。可是百姓不愿崇拜一个纯粹的恶人，只好编一些好的故事，让它"改邪归正"，为它建造庙宇，祈求它保佑一方水土。

神话不仅能体现中国古代文化的博大精深，在民间，更是体现出人们希望生活向好的强烈愿望。人们就是在一个个奇妙的形象里、一篇篇离奇的故事中慢慢发展，时时进步，用勤劳的双手创造出了一代又一代的美好生活。

巴蛇

巴蛇食象，三岁[1]而出其骨，君子服之，无心腹之疾。其为蛇青黄赤黑。一曰[2]黑蛇青首，在犀牛西。

——《山海经》

1. 岁：年。
2. 一曰：指后人的说法。

译 文

　　巴蛇能吃大象，吃后三年才排出大象的骨头。君子吃了这种象骨，心腹不会得疾病。巴蛇身上有青色、黄色、红色和黑色。也有人说它是黑色的身子，青色的头，住在犀牛生活的地方以西。

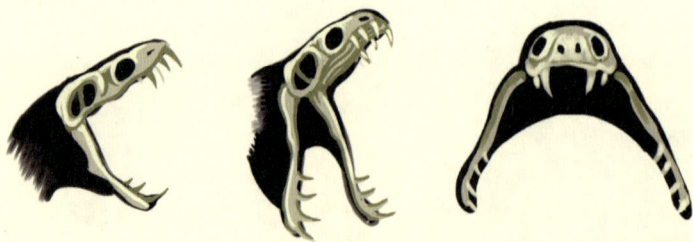

⊙ 巴蛇嘴部骨骼图

⊙ 皮肤特写：身上有坚硬的毛发

巨蛇中的大胃王

巴蛇又称修蛇，全身为黑色，头部是青色的，体形巨大，据说大到可以吞下一头大象。它的身上长着坚硬的毛发，叫声震耳欲聋。

关于巴蛇，流传最广的一则故事就是"巴蛇吞象"，俗语讲"人心不足蛇吞象"，引用的就是"巴蛇吞象"的故事。《山海经》中讲，巴蛇可以一口轻松吞下一头大象，即便这样囫囵吞枣地进食，它也能在三年中把大象完全消化，最终将骨头吐出来。人们因此觉得巴蛇的消化能力很强，认为如果能吃到巴蛇的肉，一定可以终身不得心腹部的疾病，就算只能吃到巴蛇吐出来的骨头，也能有奇效。

《淮南子》中讲，传说尧帝的时候，十个太阳齐齐出来，造成了惨剧，致使很多怪兽跑出来作乱。羿射下了九个太阳，解决了危机。之后怪兽们却仍留在人间不肯离去。其中，巴蛇就盘踞在洞庭湖附近，路过的生物都会被它吃掉。它作恶多端，杀人如麻，袭击人类几乎是家常便饭。于是尧帝就派出了射日英雄羿去捉拿巴蛇。因为巴蛇实在过于巨大，满身硬刺很难对付，羿与它缠斗了很久，最后在洞庭湖把巴蛇斩断成两截儿。许多年过去了，巴蛇的尸骨堆积成山，后来人们把它叫作巴陵。

李白有一首《荆州贼平临洞庭言怀作》云："修蛇横洞庭，吞象临江岛。积骨成巴陵，遗言闻楚老。"意思是说，修蛇（也就是巴蛇）横在洞庭湖畔，在江岛边把大象一口吞下去，吐出的骨头堆成了巴陵，是楚国的遗老告诉了我这个故事。这里李白用了巴蛇的典故，以此引出当时荆州的战乱情形，表达自己因报国无门而难过。

在民间传说中，蛇吞象却有着不同的故事走向，人们认为这里的"象"指的并不是大象，而是宰相。传说宋朝时，有一个姓王的小伙子，在路上遇见了一条受伤的蛇。他动了怜悯之心，就把蛇救了回去，跟母亲一起悉心喂养医治。不久蛇痊愈了，在这家留了下来，为了报答小伙子的恩情，当他的母亲病重时，小蛇还让小伙子割下自己的蛇皮熬汤给他的母亲喝，为他的母亲治病，可见这条蛇绝不是什么普通的蛇。时间一年一年地过去，有一天，宋仁宗张贴告示说，如果有人能进献一颗上等的夜明珠，就能封官受赏。小蛇知道了，就跟小伙子说，这些年你们一直待我很好，其实我的一双眼睛就是夜明珠，你拿走一颗去谋个好前程吧。小伙子刚开始还不同意，在小蛇的坚持下只得照做。皇帝拿到了夜明珠当然喜笑颜开，但并不知足，又让小伙子再进献一颗，还许诺让他当宰相。这次小伙子动了贪心，想要挖出蛇的另一只眼睛。小蛇看到了他的贪婪，十分寒心，一口吞掉了这个"未来的宰相"。

还有一个类似的故事，一个农民救了一条蛇，一直对它照料有加。蛇越长越大，心怀感激，从不伤害农民。蛇的洞口长着一棵神奇的灵芝，谁都想得到它，但因为蛇的守护，谁也无法靠近。皇上知道了这件事，便张榜重赏，谁能献出这棵灵芝，就能拿到亿万财产。农夫很想得到这些赏赐，于是去求大蛇把灵芝给了他，他领了赏，变成了有钱人。后来皇上的眼睛瞎了，听说只有蛇眼才能治好，并放出话去，谁要是能治好他的眼睛，谁就可以当宰相。农夫又一次动心了，他又去求蛇挖一只眼睛给他，好让他能当上宰相，蛇忍痛答应。从此，农夫过上了人人羡慕的生活，养尊处优，日日享乐，早就失去了从前的善良。他听说吃蛇心能够长生不老，于是又去求蛇，想要蛇把心脏作为报答送给他。蛇见他如此贪心，就张开嘴骗他去挖。农夫立刻走进蛇的嘴里，却再也没有出来。

不论是神话传说，还是民间寓言，蛇吞象的典故想要表达的都是对贪婪的批判。巴蛇即便拥有神力，吃掉一头大象也要花上三年时间才能消化，更何况是普普通通的人。人们的欲望就好像巴蛇一样，如果不加以克制，就一定会酿成大祸，最后不仅会害了别人，也会害了自己。因为巴蛇作恶多端，令人厌恶，通常将贪婪、恶毒的人比喻成巴蛇。

精卫

昔炎帝女溺死东海中，化为精卫，其名自呼。每[1]衔西山木石填东海。偶[2]海燕而生子，生雌状如精卫，生雄如海燕。

——《述异记》

⊙ 嘴部特写

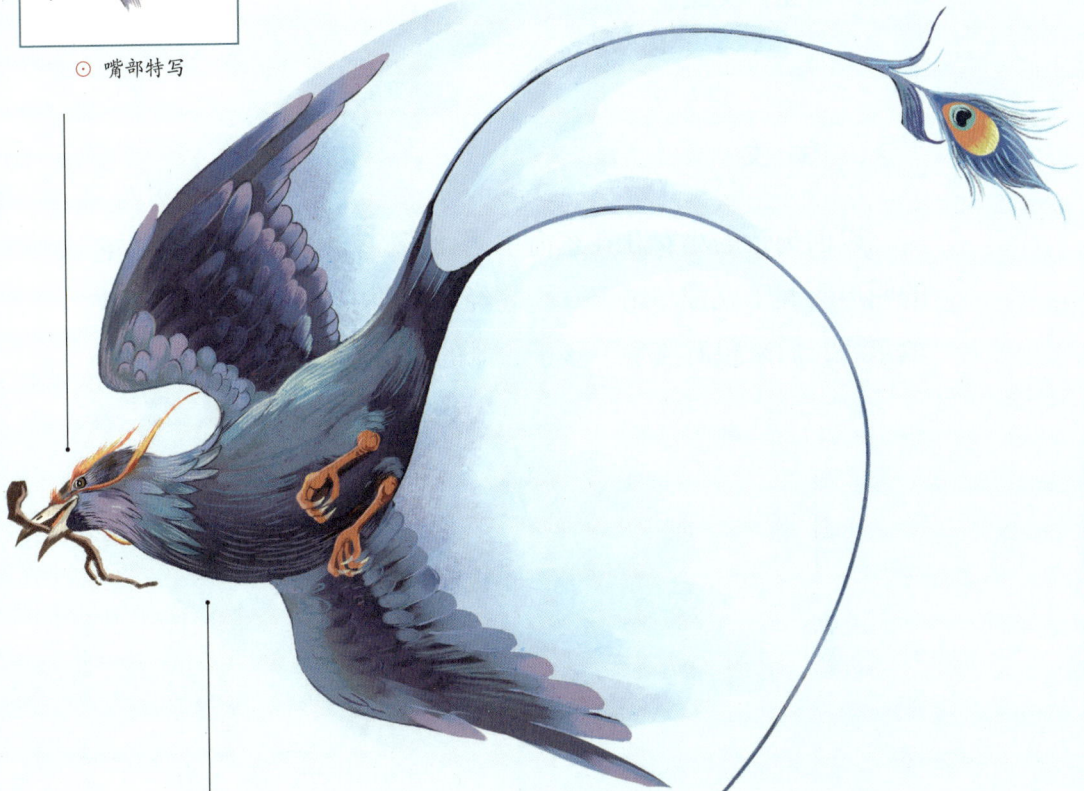

⊙ 精卫骨骼图

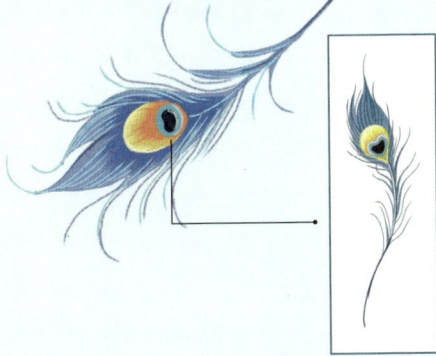

⊙ 尾羽特写：有桃
心形的花纹

1.每：常常，经常。
2.偶：婚配，交配。

译 文

　　以前炎帝的小女儿在东海中溺死了，就化作了精卫鸟，它的叫声听起来就像"精卫"。它经常衔西山上的树枝和石子来填东海，后来跟海燕生了孩子，雌的像精卫，雄的像海燕。

精卫填海，锲而不舍

我们对精卫填海的故事都特别熟悉，它每天忙着衔来树枝和石头扔到东海里去，想要把大海填平，用来比喻锲而不舍的精神。但精卫是谁？它为什么要去填海呢？

《山海经》中说，精卫原是三皇五帝之一炎帝的小女儿女娃，集万千宠爱于一身。她有一天出门去东海玩耍，结果在海里溺死，再也没有回来。炎帝伤心欲绝。而后女娃就化身成了精卫鸟，每天不停地飞去东海，把叼来的树枝和石头扔进海里，立志填平大海。

后来，精卫的故事感动了天上的神仙。水神共工下令降下洪水，用洪水把高原上的泥沙冲刷进东海，帮助精卫达成愿望，以至于把海水都搅浑了，至今东海的北部都有一块发黄的海域，叫作黄海。

再后来，精卫与海燕"喜结连理"，生的孩子中，雌性的宝宝们像精卫，雄性的宝宝们像海燕，它们世世代代往来于西山和东海之间，繁衍生息，由此也逐渐扩大了自己的族群。精卫锲而不舍、持之以恒的信念，以及朝着目标不达目的不罢休的坚持，一直流传了下来，鼓励后人。

这么强大的意志力最开始是来源于怨念，自己只是一个不小心，结果却造成了如此不可挽回的局面，好像只有填平东海，才能填平她心里的愤恨。慢慢地，这种怨念变成了愿望，希望不会再有人遭遇溺亡的灾祸，也不让他们的家人面临失去至亲的痛苦。一只小小的精卫鸟，每日不懈怠地在西山和东海之间往返，想要填平一望无际的大海，这不仅仅是不放弃的精神，更是古人想要战胜自然的内心映射。当渺小直面宏大，只要坚持下去，会不会有不同的结局呢？这是人们把无法掌控自然的不解、无奈放在了精卫身上，希望能通过努力改变现状，甚至逆天改命。

《山海经》对精卫鸟的长相也有描写，说它婀娜多姿，长毛飘逸，头颅是花色的，嘴是白色的，头冠和脚爪是红色的，身上有着鲜亮的蓝色羽毛，体态比较像乌鸦。有人说精卫鸟的叫声听起来就像是"精卫"，所以得名。也有人说，它并不是和普通的鸟一样用嗓子发声，而是在空中飞翔时，尾羽相互撞击，和空气产生摩擦发出了特有的响声。

宋朝时有石刻记载了这样一个故事，传说发鸠山下有一眼泉，就是漳水的源头，那里有神保佑。虽然庙宇已经很古老了，但在大旱时去求雨，没有不应验的。政和元年（1111）的时候，春夏季一滴雨也没下，禾苗都已经枯萎了，秋天肯定毫无收获，明年的种子也没有了着落。于是当地官员带着村民一起去拜发鸠山里的庙，没过两天，雨就下来了，雨量充沛，解决了燃眉之急，甚至邻村人也跟着获益。皇上知道了，给这座庙起名为灵湫（qiū）庙，意思是深深的潭水，既点明了此处的自然环境，也点明了庙里祈雨的灵验，就像取之不竭的深潭一样。而这庙里供奉的三个女神像，就是炎帝的小女儿女娃和她的母亲、姐姐。因为女娃像擎着一只白鸠，所以人们都说，每当漳水要涨的时候，白鸠就会出现。

明末清初的诗人顾炎武有一首《精卫》，他以精卫自比，明朝虽亡，但作为一个有节操的民族志士，绝不向清王朝屈服。"大海无平期，我心无绝时"，我和精卫一样，东海一日不平，我也一日不会更改我的志向。可见精卫填海的精神已经深入人心。

烛龙

钟山之神，名曰烛阴。视为昼，瞑[1]为夜，吹为冬，呼为夏，不饮，不食，不息，息为风。身长千里。在无臂[2]之东。其为物[3]，人面，蛇身，赤色，居钟山下。

——《山海经》

烛龙

1. 瞑：闭上眼睛。
2. 无胬（qǐ）：《山海经》里的国名。
3. 其为物：指神灵化作的具体形态。

译 文

　　钟山的山神，名叫烛阴。它睁开眼睛就是白天，闭上眼睛就是夜晚，吹气时就是冬天，呼气时就是夏天，不吃不喝也不休息，一呼吸就会起风。它身长千里，在无胬国的东边。它的样子是人脸蛇身，全身红色，住在钟山下。

⊙ 眼睛特写（一睁一闭昼夜更替）

⊙ 嘴部特写（一呼一吸四季更替）

时间的掌控者

中国的几大神龙，我们已经认识了青龙、应龙。还有一位是时间的掌控者，叫作烛龙，又叫烛阴。《山海经》中记载，在西北海之外，赤水之北，有一座章尾山。山上的神明是一只人脸蛇身的神兽，它体形硕大，身长千里，盘踞在山上，几乎盖住了整个山体，全身红色。当它睁开眼睛，双目发出万丈光芒，足以照亮天地，甚至是最幽暗的幽冥也一片光明。而当它闭上眼睛，光芒全部消失，进入黑夜。这个能控制白天黑夜交替的神明，就是烛龙。

烛龙不吃不喝，也不休息，甚至也不轻易呼吸，但凡它喘气，都会掀起大风。除了日夜更替，烛龙还能控制四季更替。如果它从鼻子中吐气，万物便会开始生长，春天来临；如果它从口中吹气，万物便会开始凋零，准备迎接冬季。

烛龙的名字是怎么来的呢？传说上古时期，共工与颛顼争夺帝位，共工败下阵来，一怒之下就撞断了不周山。不周山是一根天柱，也是人类能到达仙境的唯一路径。天柱断了，天也就缺了一个支点，失去了平衡，天地翻飞，酿成大祸。虽然后来女娲补天，又断了神龟的一条腿顶了上去，才勉强支撑住，但天仍旧不能完全恢复以往的样子，比如人间就有一部分区域从此完全陷入了黑暗。天帝命一条神龙驻守在这里，嘴里衔着天火，照耀这片地方，这条神龙就是烛龙。烛，说的就是它嘴里衔着的天火。后来这个故事被传成了烛龙口中衔着一支神奇的蜡烛，蜡烛亮着就是白天，蜡烛被吹灭了就是黑夜。

从这里我们可以看出，烛龙并不能控制整个人间的白昼黑夜。它能控制昼夜的地方只是天地修复之后仍旧完全黑暗的那一片区域。就像《全唐文》中说的："烛龙衔耀，只可照于一方，春雷振声，不能过于百里。"神力也有触及不到的地方。烛龙就像是一盏被放在这里的长明灯，日夜坚守，从不懈怠。这里的白昼黑夜、四季有时，都是烛龙在操控着，它的一举一动，牵动着这里的每一寸时光。烛龙虽说掌控着时间，但同时却又被时间紧紧地控制着，这也是其复杂寓意的

真髓所在，令人深思。

不过也有人认为，衔烛之龙，指的是极光。能出现极光的地方，往往伴随漫长的黑夜，或者极夜，是太阳照不到的地方。而烛龙守护的是幽冥无日之国，也正是完全没有日光的地方。极光在天空中像彩带一般飘舞，十分神秘、美丽，光线和日光大有不同，光的轨迹就像是巨龙衔着烛光在天空中游走一般，它的出现变幻莫测，无法估计。所以烛龙是人们对观测极光的美化，这种说法确实有一定道理。

烛龙并没有像应龙一样的战绩记载，也不像青龙那样有吉祥如意的仁王之兆，它虽然能操控一片区域的时间，但又被困在了时间里，唯一的长处可能就是它的身长了。我们现在所知最大最长的神兽莫过于鲲鹏，"不知其几千里也"，而烛龙也有千里长，体形非常庞大。虽然烛龙并无更多花哨的技能展现于人前，但依旧在古人心中占有一席之地，一些地方庆贺春节时还有表演烛龙之舞的习俗，用以纪念。而烛龙在一些神话故事中，也是创世神之一，一直被后世所崇拜。

鵝鸟

鼓[1]亦化为鵝鸟，其状如鸱[2]，赤足而直喙，黄文而白首，其音如鹄[3]，见则其邑大旱。

——《山海经》

⊙ 头部特写

⊙ 嘴部特写

⊙ 爪部特写

148

1. 鼓：《山海经》中烛龙之子。
2. 鸱（chī）：古书中指鹞鹰或者猫头鹰一类的鸟。
3. 鹄（hú）：鸿鹄。

　　鼓死后变为鵕（jùn）鸟，这种鸟长得像猫头鹰，脚是红色的，嘴巴是直的，身上有黄色的花纹，头是白色的，声音像鸿鹄的叫声。它在哪里出现，哪里就会大旱。

大旱灾星

鵉鸟的耳羽呈簇状，在头顶竖起，如同立着一对尖耳，很像猫头鹰。面部的羽毛排列呈盘形，身上有黄色的花纹。从头骨的结构来看，鵉鸟的眼睛不在同一平面上，也不能大幅度转动头颅，喙相比猫头鹰较长，无明显的弯曲。它的爪子小巧，但非常锋利，包裹着一层硬角质，可抵御其他动物的利齿毒牙，还能刨挖砂石和岩洞，拖出躲藏的猎物。

鵉鸟是由鼓变化而来的。鼓可不是我们熟知的那种打击乐器，而是一个"神二代"。《山海经》中记载，钟山之神烛龙的儿子叫作鼓，鼓的名气远不如父亲，他做的最出名的一件事，也是一件极不光彩的事。上古时候，西王母会制作不死药，人吃了可长生不老，因此西王母不会轻易给人。羿曾经得到过一颗，后来被嫦娥吃了，飞上天成了月亮上的守护神。这些不死药由专人看管，这个人叫作葆江。而鼓跟另一位同伙钦䲹（péi）一起杀害了葆江，惊动了天帝。虽然《山海经》里并没有记载这件事的详细过程，但人们猜测这次事件一定和不死药有关。天帝下令将鼓和钦䲹诛杀在了钟山东边一个叫作瑶崖的地方。这个惩罚对烛龙来说是很残忍的，自己在钟山掌管着日夜交替，无法脱身，却要看着儿子被处死在眼前。

鼓死后，带着一身的怨气，化作了鵕鸟。他原本继承了父亲的长相，人脸蛇身。虽然身形没有那么巨大，但也是威风凛凛的样子。鵕鸟则像猫头鹰，是一种猛禽，用锋利的爪子和喙来攻击敌人。在我国古代，猫头鹰并不是一种吉祥的鸟，它总是抓老鼠吃腐肉，不像高贵的凤凰一类的神鸟，十分洁净；它总是昼伏夜出，脑袋转动的姿势看起来很诡异，谁见了都觉得有些恐怖。鵕鸟的同伙钦䲹则化为大鹗（è），类似于鱼鹰，头也是白色的，身上是褐色的，在树上或者岩石上筑巢。它们即便死后变成了神鸟，但因为心中戾气太重，只能做灾星，去哪里，哪里就有惨事发生。一个总是带来干旱，使得民不聊生；一个总是带来战争，让人们互相争斗，永无宁日。

有人说，神仙被处死了也没有化作其他形态的，传闻天帝处罚他们时，烛龙向天帝求了情，破例让他们服下了不死药，换了一命。不知是不死药的副作用，还是他们心里怨念太重，总之最后他们离奇地变成了神鸟。它们没有同类，也不会衰老，受到惩罚之后依旧不断作乱，侵扰世间生灵，百姓都非常惧怕见到它们。

在"四凶"里，我们已经见识到了几个"神二代"中的纨绔子弟，鵕鸟也算是其中之一了，为了不死药，犯下了弑神的大错。这也说明，对长生不死的追求并不是人类才有的，即便是神仙，也有贪欲，做了错事也要付出代价。

九尾狐

又东三百里，曰青丘之山，其阳[1]多玉，其阴[2]多青雘[3]。有兽焉，其状如狐而九尾，其音如婴儿，能食人。食者不蛊[4]。

——《山海经》

1. 阳：山的南面。
2. 阴：山的北面。
3. 青䨼（huò）：一种青色的矿物质染料。
4. 蛊：诱惑，迷乱。

译 文

再往东三百里，有一座山叫作青丘，山的南面产玉，山的北面产青䨼。山上有一种兽，像有九条尾巴的狐狸，声音像婴儿啼哭一样，会吃人。如果人吃到它的肉，就能不中妖邪之气。

⊙ 尾巴特写：每百年才能长出一条尾巴

⊙ 九尾狐骨骼图

变化多端，青春永驻

提到动物成精，大家脑海中出现的形象一定会有狐狸，近年来因为一些影视剧作品的走红，狐狸一族里的统领——青丘九尾白狐让人们更为熟知。

狐狸在中国神话和民间传说中，大多以一心想要修炼成仙的形象出现，它们往往狡猾奸诈、作恶多端或者心机深重，非常懂得媚惑之术。很多文学作品中都有狐狸变为女子样貌后，媚惑男子或者残杀孩子的情节出现，导致后来人们也总用"狐狸精"来形容道德败坏的女子。

但九尾狐并不是天生就具备幻化人形、变换面貌的能力。据说九尾狐出生后的

50 年里，只能以普通狐狸的形象出现。随着后肢力量越来越发达，它们逐渐可以直立行走。50 岁左右的九尾狐，慢慢可以不再使用趾行方式行走，其向后凸起的脚踝位置逐渐下降，使得整个脚掌完全接触地面，以与人类一样的方式行走，同时膝关节也已长成，后腿能够完全伸直。之后每过百年，它们的尾骨就会出现分叉，长出新的尾巴，最后变成这种狐狸的终极形态。因为这样的变化过程有几百年，所以九尾狐也是长寿的象征。

九尾狐真的只有负面形象吗？《山海经》中描写九尾狐所在的青丘山，用了很多溢美之词，这里的居民不是一般人，而是神的子民，这里物产丰富，四季如春，繁衍生息着各种各样的物种，大家都能和谐相处，其乐融融。九尾狐在青丘山中掌握很高的权力，如果它们不是向善明理的族群，恐怕青丘不会是这样安乐美好的状况了。

我们再往前追溯，上古时期大禹治水时，大禹担治水之责，一直没有结婚，后来遇见了涂山氏族的一名女子，一见钟情，之后结了婚，生下了孩子启。这位女子叫作女娇，就是一只白色九尾狐，而涂山氏一族，就是狐狸的老家。女娇不仅支持大禹的治水事业，也把孩子教养得非常好，礼尚达义，即使大禹三过家门而不入，也没有争吵不休。传说她对夏朝的建立也做出了不小的贡献，后来他们的儿子启成为夏朝的君主。不仅如此，女娇还勇敢地表达、追求爱情。大禹忙于治水，不能归家，她非常思念，就自己跑去大禹工作的地方看他，这在古时候，是只有非常敢于表达情感的女子才会做出的事。由此看来，在上古时期，九尾狐仍是非常正面的形象，也因为涂山氏对大禹和启的帮助，人们认为只有即将称王的人才能看见九尾狐，它是很祥瑞的神兽。

九尾狐寓意的变化，受《封神演义》的影响很大，那只变成妲己的狐妖就是九尾狐。她能知晓千里之外的事情，也可以蛊魅别人，让人们为她失去理智，最后致使商朝灭亡。但细究《封神演义》中的情节，或许还有值得探讨的余地。商纣王在女娲庙中对女娲娘娘不敬，那时商朝气数已尽，周朝即将建立。女娲娘娘为了人间大业，也为了惩罚商纣王的轻率行为，派出几个妖去商朝作乱，加速它的灭亡。女娲娘娘掌管着天下所有的妖，这次被委以重任的就是九尾狐。所以说，九尾狐在《封神演义》故事中，是为了推翻商朝统治的"卧底"，虽然使出的都是媚惑、欺骗、妖言惑众的计谋，但其目的，仍是使周朝尽早建立。小说中苏妲己妖媚、奸诈的形象实在太过深入人心，可以说是"红颜祸水"的最高阐释，她使得原本有着文韬武略的商纣王不仅"家财两空"，甚至连性命都丢掉了，整个商王朝四分五裂，忠臣惨死，奸佞小人当道。所以之后九尾狐便被妖化为食人作恶的妖怪，变得臭名昭著。

九尾狐在日本文化中也占有非常重要的地位。我们非常熟悉的漫画《火影忍者》中借鉴了非常多的中国古代神话元素，主角鸣人身体中封锁着的最厉害的战神，就是一只九尾狐。在我国古代也有很多狐狸图腾的文化崇拜，通常被视为生殖崇拜的象征，承载着人丁顺遂的美好寓意和祈求子孙昌盛的愿望。时至今日，九尾狐难改其"狐媚"设定，这是历史与文化发展中不可避免的演变过程，但它美丽的外貌和神秘气息，使得它成为令人们极度好奇又充满想象的一只神兽。

文鳐鱼

又西百八十里，曰泰器之山。观水[1]出焉，西流注
于流沙。是多文鳐鱼，状如鲤鱼，鱼身而鸟翼，苍文
而白首赤喙，常行西海，游于东海，以夜飞。其音如
鸾鸡，其味酸甘，食之已[2]狂，见则天下大穰[3]。

——《山海经》

1. 观水：古代河流名。
2. 已：停止。
3. 大穰（ráng）：庄稼丰收。

译　文

　　再向西一百八十里，是泰器山。观水发源于此山，向西流入流沙河。观水里有很多文鳐鱼，这些鱼长得很像鲤鱼，长着鱼的身子、鸟的翅膀，身上有青色的花纹，头是白色的，嘴是红色的，常常从西海游向东海，而在夜晚飞翔。它的声音像鸾鸡，肉的味道又酸又甜，人们吃了它可以医治癫狂，它一出现，天下就会丰收。

⊙ 文鳐鱼骨骼图

⊙ 文鳐鱼飞跃动作示意图

⊙ 头部特写

下能潜游海底，上可飞入九天

文鳐鱼，是传说中一种会飞的鱼。它的身形和鲤鱼相似，身体表面却没有鳞片，头部像燕雀，是白色的，拥有鱼的身子和鸟的翅膀。它的嘴是红色的，身上有青色的花纹，前额微鼓，形成不明显的黑色羽冠。

因为文鳐鱼的皮肤较为脆弱，害怕强光，所以它通常白天安静地在水中畅游，夜间飞出水域，去寻找花果、虫豸、种子当作食物。它的飞行速度很快，一夜之间就能越过数条山脉。

文鳐鱼的叫声清脆，声调很长，一只鸣叫，其他同类也会响应。早期有人在南海看到过文鳐鱼，足足有八尺多长，它立起来要比一个成年男子还高。当成群的文鳐鱼飞跃海面时，能掀起巨大的风浪。

文鳐鱼每年都从西海游到东海，渔人会拿起大网来捕捉它们，它们只得奋力飞着挣脱。而被捕捉到的文鳐鱼瞬间变成了石头，这些石头每当遇到雨水就会变红。渔人见这些石头对自己无用，就扔在了河边。时至今日，这些石头每到下雨时还是会变成红色，这就是"赤岭"这个地名的由来。赤岭多种茶树，茶树喜欢偏酸性的土壤，也就是红土，所以也有人认为关于文鳐鱼的记载写的就是福建。

晋左思的《吴都赋》中写道"精卫衔石而遇缴，文鳐夜飞而触纶"。说的是精卫嘴里衔着石头要去填平东海的时候，遇到了弓箭上的细绳；文鳐鱼夜晚飞去东海的路上，遇到了钓鱼用的细丝。作者把文鳐鱼夜飞的行为和精卫填海做类比，说明在古人眼中，文鳐鱼每年坚持飞往东海的举动，也是一种为了目标不懈努力、坚持不懈的精神，值得嘉奖学习。

　　文鳐鱼其实就是飞鱼，它们的鱼鳍很长，甚至长到了尾巴的位置，展开来就是一双翅膀的样子。飞鱼的速度高达每秒十米，因为整个身子是一个梭子的形状，这种流线型非常适合高速运动，所产生的运动力量，能够让它飞出水面十几米，甚至可以在空中停留半分钟或者更长的时间，有时候能一下子飞出水面几百米，所以才被叫作飞鱼。其实这不是真正的飞翔动作，而是利用速度产生的一种滑翔状态。古籍中，既能在海里畅游，又能在天上自在飞翔的，只有庄子笔下的鲲鹏了，拥有和鲲鹏一样的能耐，那一定是代表祥瑞的神奇生物。所以古人见了飞鱼，便认为是神物，是情有可原的。

飞鱼总是成群结队地出现在海上，一飞起来，水面上热闹无比，可谓胜景。即便是现在，飞鱼也不是常常能见到的鱼类，只有在我国南海比较温暖的海域才能见到。而且飞鱼一大群一大群地出现，纷纷跃出水面，自然让人联想到善渔的渔民收网时，好多鱼儿在网中蹦跳的样子，预示着将有一笔不错的收入。久而久之，文鳐鱼代表着丰收，也就能解释了，因此也得到了农人的喜爱。

除此之外，文鳐鱼也是一味药材。《山海经》中形容文鳐鱼的肉酸甜可口，吃了可以治疗癫狂，现在这味药材被用于止痛、消肿和解毒。

夔牛

状如牛，苍身而无角，一足，出入水则必风雨，其光如日月，其声如雷，其名曰夔[1]。

——《山海经》

1.夔（kuí）：传说中一条腿的怪兽。

译　文

（夔）身材像牛，身上是青色的，没有角，只有一条腿，每次出入大海都会伴有狂风暴雨。它散发的光芒像太阳和月亮的光，吼叫的声音像打雷一样，它的名字叫作夔。

⊙ 夔牛独脚骨骼图

⊙ 夔牛游泳图

⊙ 皮毛特写

雷鸣叫声的独脚牛

　　夔牛生活在大山中，岷山、流波山上都有它的踪迹，这两座山都邻水，流波山甚至可能就是一座海岛。《山海经》道"出入水则必风雨"，说明夔牛经常在水中出入，可能类似于水牛或者河马的生活习性。

　　夔牛作为瑞兽，自然与普通动物不一样，它体形较大，全身为苍青色，带有奇异的日月光芒，长得像牛，但头顶没有牛角。最奇怪的是，它硕大的身躯只依靠着一只脚支撑，走起路来一蹦一跳的。很难想象它如何维持平衡，也很难想象它怎么才能顺利地出入水中。

　　夔牛除了外形与普通动物不一样，还有呼风唤雨的能力。它每次出入水时，都会产生风雨，因此它所在地区的植物、动物或是村民，从来都不会缺少水分的滋润。而水对于农人来说一直都是最重要的自然条件，所以夔牛自然受到了百姓们的喜欢。夔牛泡在水中时，全身会发出耀眼的光芒，这光芒甚至可以照亮夜空。夔牛喜欢在水中玩耍，玩到开心时还会放声吼叫，声音如雷鸣一般，响彻山谷，即便可能惊扰到附近的动物，它也从不在意。这叫声也更像在提醒大家，一场风雨即将来临。久而久之，夔牛吼叫的声音也成了一种武器，黄帝就曾经利用夔牛吼叫的声音吓退了敌人。后来，在黄帝和蚩尤大战的时候，玄女为黄帝制了一面大鼓，敲一敲，声音能响彻百里之外，震慑敌兵，威服天下。这面鼓就是用夔牛的皮做的，鼓槌是用夔牛的骨头制成的。

也有一些古籍说，夔是一条只有一只脚的龙，也叫夔龙。在商朝晚期、西周时的青铜器装饰上，经常出现夔龙纹的样式，也有人说夔龙是舜时两位大臣的名字，夔是乐官，龙是谏官，后来人们也用夔龙来比喻辅弼良臣。

我国古代优秀的思想家庄子、孔子也对夔进行过阐释。庄子曾写道："夔怜蚿（xián），蚿怜蛇，蛇怜风，风怜目，目怜心。"意思是，夔牛因为只有一只脚，羡慕有很多只脚的蚿，觉得蚿行动起来一定更方便。而蚿羡慕蛇，因为蛇没有脚也可以迅速滑行。蛇羡慕风，因为风无影无踪，留不下一丝痕迹；风则羡慕眼睛，觉得眼睛不费任何力气就能到达想要去的地方，速度快多了。眼睛又羡慕心，觉得只有心才能漫游宇宙，行于四海。人们都说庄子的故事有深意，这篇故事亦是如此。一方面是讲了庄子的自然哲学，庄子认为世间的万事万物都有它原本的生存方式，不要去违反它，而要去尊重、适应它。夔牛虽然只有一只脚，但它另有所长，没必要羡慕蚿的多足，用自己的"少"去比别人的"多"。另一方面则说明了万物齐一，所有事物、喜怒其实在本质上都是一样的。不必因为谁更快一些，谁更多一些，就心生羡慕，垂头丧气。对万物等量齐观，这样才能摆脱小胜的束缚，追求天地自然一体的大胜。

《韩非子·外储说左下》中讲了孔子对夔的看法。鲁哀公问孔子："我听说古时候有一种神兽叫作夔，它真的只有一只脚吗？"孔子回答说："不是的，夔有很多缺点，但它非常守信用。人们总说，单是有这一点，就足够了。所以夔不是只有一只脚，而是有这么'一点'就足够了。"这故事还有另一个版本。鲁哀公向孔子询问："夔只有一只脚，这可信吗？"孔子说："怎么会呢？它和其他生物没有什么差别，唯独能精通音律。像它这样有一个就足够了，所以舜让它做了主管音乐的官。"这里孔子给了"夔牛一足"一个全新的解释，孔子是想通过夔牛的故事来告诉君主，治理下臣要人尽其能，即使臣子有不完美的地方，也要让他充分发挥自己的优势。

夔牛原本在古代神话中，并没有发生多么奇异的故事，但却被两位大思想家拿来举例，讲述了很深刻的道理，让它只有一只脚的形象更加深入人心，甚至变成了独足的代表。

獬豸

　　北荒之中有兽，名獬豸，一角，性[1]别[2]曲直。见人斗，触不直者。闻人争，咋[3]不正者。

　　　　　　　　　　　　　　　　——《异物志》

1. 性：性情。
2. 别：区分。
3. 咋（zé）：咬、啃。

译 文

　　北荒有一种神兽，名字叫作獬豸（xiè zhì）。它的头上长着一只角，能分辨善恶曲直。它看见有人在争斗时，会用角去顶不占理的那一个。它听到有人在争吵时，就会去咬那个不占理的人。

⊙ 獬豸骨骼图

⊙ 面部特写：獬豸的长相仍有争议，有的说像鹿，也有的说像羊

⊙ 脚部特写

中华名侦探

獬豸外形与麒麟相近，都是有四只蹄子的形象，头上的毛威风凛凛，双目明亮有神。不同的是，獬豸的头上只有一只角。传说它只喝春夏时节的水，只吃秋冬时节的松竹，是神话中瑞兽的化身。

獬豸聪慧，和角端一样是懂人语的，只不过没有角端会的种类那么多。它不仅会与人沟通，更能分辨是非善恶，非常熟知礼法，可以看穿人心。如果有人起了争执，它能一下就判定出谁是有理的。假如奸邪小人在撒谎，它也一眼就能看出，然后就会用独角将其顶翻在地。所以在古时候，獬豸也是衙门里公正、权威的象征。

传说在春秋战国时期，齐庄公的两个臣子壬里国和中里缴打了三年官司还没有结果，没有人能有办法给出最后的判定。齐庄公便请来獬豸听他们分别念自己的诉状。壬里国读完诉状，獬豸没有什么表示，中里缴的诉状还没读到一半，獬豸就用角顶翻了他，于是真相大白。可见，古时候人们对獬豸的裁断有多么信任。

《论衡》里记载了中国司法第一人皋陶（gāo yáo）用獬豸做助手，在古代法庭中判案的故事。皋陶是上古传说中的人物，与尧、舜、禹齐名，为上古四大贤人，被后世尊为中国司法鼻祖。传说他制定了法律，发明了监狱，维护了治安。人们说他执法公正，刚正不阿，从没发生过一起冤案，所以才有獬豸是他助手的说法出现。也有人说，獬豸是神化了的皋陶，古人总是用把某人变为神灵加以崇拜的方式来对其进行表彰，獬豸就是用来纪念和颂扬皋陶司法公正的。

　　大才子苏轼在《艾子杂说》中也讲了一个关于獬豸的故事。齐宣王问臣子艾子道："听说古时候有一种神兽叫獬豸，你知道吗？"艾子回答："的确有，它能分辨好坏，一旦发现奸恶，就用角把他顶翻在地，然后吃进肚子。"艾子无奈地感慨："假如今天的朝廷里还有獬豸存在，它就不再需要去其他地方寻找食物了。"这一句感慨说得真是巧妙，既然獬豸不用去其他地方寻找食物，

就说明朝廷中已经有很多"食物"供獬豸填饱肚子了。苏轼笔下的艾子借用獬豸的特点，讽刺了当时官场的不良风气。

我们不难看出，獬豸在古代已经成为"法"的代言人，所以在春秋战国时期，楚王仿照獬豸的形象，为监察御史和司法官员制作了衣冠，一直沿用了很久。南北朝时期的文学家庾信在《正旦上司宪府诗》有云"苍鹰下狱吏，獬豸饰刑官"，唐朝诗人岑参在《送韦侍御先归京》中也有"闻欲朝龙阙，应须拂豸冠"的描述。而且，獬豸和"法"字的由来也大有关系。"法"字在简化之前写为"灋"，这个字从廌（zhì），而"廌"字在《说文解字》中的解释就是獬豸。偏旁为三点水，来比喻公平如水。廌下面的"去"，表示如果遇到不平，那就应该去掉。所以"灋"这个字，集合了獬豸执法的整个过程，可以说想象力十分丰富。后来在文字适应书写的过程中这个字慢慢被简化成了"法"。这也说明，我国从很早开始，就是一个注重法治的国家，正义的图腾早已确立。

现在代表"法"的地方当然是法院，所以我们在法院门口能看到一种动物的石像，它不是普通的守门狮，而是獬豸。时至今日，獬豸仍旧代表着公平正义，也代表着人们始终对正义的尊重与追求。它坐守法律评判的洁净之地，庄严威武，继续发挥着神力，维护着正义。

貔貅

貔貅，形似虎，或曰似熊，毛色灰白，辽东人谓
之白黑[1]。雄者曰貔，雌者曰貅，故古人多连[2]举[3]之。

——《清稗类钞》

姜子牙

貔貅

1. 罴（pí）：一种大熊。
2. 连：共同。
3. 举：提出。

译 文

貔貅（pí xiū），体形像老虎，也有说像熊的。它的毛发是灰白色的，辽东人叫它白罴（pí）。貔貅里雄性的叫作貔，雌性的叫作貅，古人总是把它们放在一起说。

⊙ 尾巴特写：尾巴像龙

⊙ 翅膀特写：有说貔
貅有翅膀却不能飞

⊙ 角部特写

骁勇善战的"提款机"

在中华文化中，与"发财"寓意最相近的神兽就是貔貅。有人说貔貅长得像老虎，也有人说像熊，可见它的体形是比较高大魁梧的，与它骁勇善战的美名相匹配。它身上长着灰白色的毛发，脑袋和尾巴都像龙，上面的毛发又有金的闪亮和玉的色泽，虎虎生威。它的肩上还有一对翅膀，但不能展开，脑袋上有一只独角。

貔貅和凤凰的命名方式一样，也有雌雄之分，雄性为貔，雌性为貅。《史记》中记载："（黄帝）教熊罴貔貅䝙（chū）虎，以与炎帝战于阪泉之野。"黄帝驯养了虎、豹、貔貅等威猛的动物作为军队，在阪泉这个地方打败了炎帝，所以貔貅是黄帝培养出来的善战猛兽，是战场上的英勇之士。后来貔貅也应用到了很多与战争相关的事物，比如军队别名。元朝时，蒙古人很崇拜貔貅，士兵也多佩戴貔貅饰品，希望战神保佑，帮助他们打胜仗。很多文学作品中也把貔貅用作军事中非常重要的意象，比如《王氏神道碑》曰："赳赳将军，貔貅绝群。"毕著的《纪事》诗曰："乘贼不及防，夜进千貔貅。"《西厢记》楔子记载："羡威统百万貔貅，坐安边境。"《三国演义》中的诗词曰："威挟天子令诸侯，总领貔貅镇中土。"这些词句中，把貔貅比作英勇的战士，也佐证了黄帝培养貔貅作战的故事广为流传。

有关貔貅身份的传说有很多，有人说它是龙的其中一个儿子。但在公认的龙族族谱里其实并没有貔貅。之所以会有这个传闻，一是因为貔貅的长相，似龙头龙尾，自然会被误解；二是因为它善战、主吉，深受大家的喜爱，自然想给它安上一个显赫的出身。还有人说貔貅为黄帝一战后，就被赐封为"天禄兽"，是天赐福禄的意思，非常吉祥。但在我国一些地方，貔貅与天禄，以及另一种叫作辟邪的神兽是要区分来讲的。《汉书》中说："一角者，或为天禄，两角者，或为辟邪。"这里的"天禄"指的就是天禄兽，可以看出天禄和辟邪是同一种动物，但角的数量不同。汉高祖刘邦把辟邪封为"帝宝"，希望它能保佑龙脉，祈求开国昌运。后来人们渐渐认为它们和貔貅是一种神兽，天禄、辟邪所拥有的神力，貔貅也都有，所以貔貅也有祈福驱邪、保佑平安的寓意，甚至成了可以帮助人们将祸事转为吉事的祥瑞之兽。

还有人说貔貅是姜子牙的坐骑。姜子牙是周武王伐纣的功臣，在一次行军途中，他偶遇了一只貔貅，当时并没有人认识这是只什么兽，只是觉得外形威武，自有一股正气。于是姜子牙想方设法把它收服，作为自己的坐骑，后来也和它一起参与了很多战争。《封神演义》就是讲武王伐纣这个历史时期的传奇故事，不过在这本书里，姜子牙的坐骑是一只四不像，并不是貔貅。那么哪个故事才是真的呢？也许这些并不重要，百姓们也并不介意貔貅的多重身份，毕竟在每一个故事里，它都是威猛的祥瑞，是为人们谋福的，这对普通人来说就足够了。

　　不论貔貅的形象如何演变，身份如何变化，它始终有一个不变的特点——没有肛门，只进不出。传说它原本并不是这样的，是因为生性贪玩，有一次触犯了天条，天帝下了惩罚，才致使它吃进的东西无法排出，变成了现在这个样子，但这个特点却成为人们最喜爱的一点，貔貅以八方财为食，吃进去不排出，正好存住了财，守住了钱袋子，成为人们求财的第一对象。由此，佩戴貔貅饰品的风气也渐渐兴盛起来。貔貅的食量惊人，虽然不排泄，但会在皮毛中分泌出奇香无比的汗液，当恶兽被这气味吸引来，就会被貔貅一口吃掉。

　　在历史长河中，貔貅身兼数职，有着驱恶、生财、保平安的多重寓意，使它一直受到后人的喜爱，百姓们为它编织再奇特的故事也不为过，都是对生活的美好期望罢了。

黄鸟

又东北二百里，曰轩辕之山，其上多铜，其下多竹。有鸟焉，其状如枭[1]而白首，其名曰黄鸟，其鸣自詨[2]，食之不妒。

——《山海经》

1. 枭：同"鸮"，指猫头鹰。
2. 誃（xiào）：同"叫"，呼唤，大叫。

译 文

　　再往东北二百里，有一座轩辕山，山上产铜矿，山下长着许多竹子。山里有一种鸟，长得像猫头鹰，头是白色的，名字叫作黄鸟，叫声听起来就像是在呼唤自己。人们吃了它的肉，就不会产生妒忌之心。

⊙ 鸟巢

⊙ 黄鸟骨骼图

黄帝的神药看管者

黄鸟作为《山海经》中的神鸟，名字实在过于普通，听起来毫无神奇之处。其实它的命名方式和颜色无关，而是和《山海经》中的很多其他奇珍异兽一样，用叫声来命名。黄鸟的外形长得像猫头鹰，头部是纯白色的，看上去就像是哈利·波特的宠物海德薇。它飞行时几乎听不到声音，是靠耳朵上的羽毛去判断猎物的位置的。

在古代神话中，神仙总有自己的坐骑或者灵宠，后世也创造了很多关于它们的奇妙故事。黄鸟可以说是其中非常尊贵的一位了，它是五帝之首黄帝的灵宠。作为灵宠，是不是像家养宠物一样，只需要逗主人开心就可以了呢？显然不是，它们

还为黄帝分担着一些重要的工作。有的黄鸟生活在轩辕山，轩辕就是黄帝的名字，有的黄鸟生活在巫山，山上有八处斋舍，里面藏有黄帝炼的丹药。巫山上又有很多玄蛇，总是爱窃取灵药，所以黄鸟就承担起了保护神药的职责，随时盯着玄蛇的动静，避免神药被它们偷走吃掉。

黄帝到底藏了什么神药呢？在道教中，确实有关于黄帝炼丹求道、最终飞仙的传说。他是人王，没有长命百岁的基因，也并不拥有什么神力，所以很有可能所炼制的丹药与长生不老有关。要知道，古代帝王对长生的追求孜孜不倦，既希望皇位能一直世代传下去，又希望自己能一直在世间享受富贵生活，秦始皇就是其中典型的一位。而长生不老药，是只有神仙才能享有的东西，非常珍贵，黄帝如果真的炼成了这样的丹药，一定会交给值得信任的黄鸟来看守。这样看来，虽然《山海经》中没有关于黄鸟的具体描述，但它身上一定有些厉害的本事，不然怎么能担当如此大任。

黄鸟性情温和，本性谦卑，传说如果吃了黄鸟的肉，就不会再生嫉妒之心，可见它的仁德。古籍流传的过程中，记载的故事、情节难免会出现一些因为"眼不见实物"而产生误解，古人误以为黄鸟就是黄莺，所以认为黄莺可以治疗嫉妒心。传说梁武帝的皇后生性嫉妒，心狠手辣，总是对其他嫔妃施害。梁武帝用了很多办法都无法阻止皇后因妒生事，甚至把黄莺煮了给皇后吃，希望能治愈她的嫉妒心，但黄莺毕竟不是黄鸟，结果于事无补，不可能有那样的奇效。这也表现了黄鸟解妒的能力深入人心。

除了黄鸟之外，《山海经》中还记载了非常多的神鸟，它们的身上都带着某种神奇的能力。灌灌，人们佩戴它的羽毛能够让人不迷惑；颙（yóng），人们在哪里见到了它，就意味着哪里会发生旱灾；橐（tuó）蜚，人们吃了它就不会再怕打雷；钦䲹，见则有大兵，它在哪里出现，哪里就会爆发战争；胜遇，它的出现总是伴着洪水……这样的例子不胜枚举，涉及人们生活的很多方面。可以飞往高空的鸟，对古时的人们来说既常见又特别，特别之处在于，飞翔始终是古人无法参透的一门"技术"，所以鸟类在古人面前一直保有它们的神秘性，致使《山海经》中有如此多关于鸟类的奇妙想象，也从侧面反映了古人的生活状态和对自然世界的认知。

当康

又东南二百里，曰钦山……有兽焉，其状如豚[1]而有牙，其名曰当康，其鸣自叫，见则天下大穰。

——《山海经》

1.豚：猪。

译 文

　　再往东南二百里，是钦山……钦山上有一种野兽，长得像猪，有突出的獠牙，名字叫作当康，它的叫声就像叫自己的名字，它出现的时候天下就会丰收。

◎ 身上吉祥的云纹

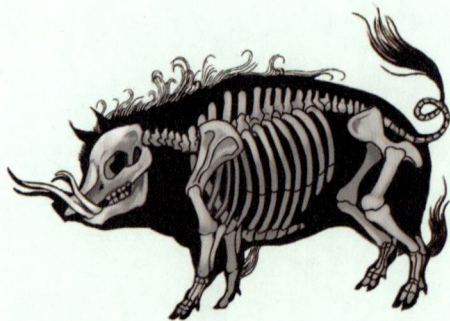

◎ 当康骨骼图

◎ 与一般野猪的体形对比

184

最有反差的丰收瑞兽

当康是《山海经》中代表丰收的瑞兽，是一只猪的形象，还长着突出的獠牙，面相看起来有些凶狠。传说只要它出现，就预示着这一年能够五谷丰登。

当康体态臃肿，体形大小约是普通野猪的 5 倍，动作却十分敏捷，腿部肌肉发达，可以坚持长时间的奔跑。它虽然有一对尖长的獠牙，但不会用獠牙去攻击目标，也不会去进行毁灭性的破坏，而是用獠牙拱地翻土，找寻食物。这种无意识的松土动作还可以让山中的植被更加茂盛。当康拥有可怕的武器却绝不乱用，即便使用也十分节制，它可以与人和动物和平相处，是大山中和平的象征，这更加深了人们对于当康的喜爱。如果要在现实生活中找一个最接近当康的动物，可能就是非洲的疣猪了。疣猪长着一对非常锋利的獠牙，生活在野外，擅长挖洞，奔跑速度很快，习性和当康很像。

在现代生活里，我们对猪的第一印象大概都是"好吃懒做"，觉得它们总是窝在又臭又脏的猪圈里，等着人来喂食。如果说一只猪是代表祥瑞的神兽，似乎有些不能理解。但其实"猪"从古至今都在人们的生活里充当了非常重要的角色。古代称猪为"豕（ shǐ ）"，"家"这个字的组成就是一个屋檐下有一只"豕"；

追逐打猎时，"逐"字中也有"豕"，猎人追的是猪，说明猪作为早期被人类驯养的家畜，在古时候对一个家庭的生存起着很重要的作用。初唐诗人王绩在《田家三首》中写："小池聊养鹤，闲田且牧猪。"可见在那时，猪不仅是圈养的，还能放出去像牛羊一样散养，也是一种山野情趣。

在古代，猪的多少也是衡量富裕程度的标杆。《史记》中说，"千乘之家"就可以算作是诸侯中的强国，而千乘的标准大约是两百匹马、两百五十头牛、一千只猪羊、一百个奴隶。可见猪是其中一个衡量指标，也代表着一种财富。储蓄罐有很多猪的造型，人们也喜欢在家里摆上一个金猪纳福的摆件，不仅因为它圆头圆身，内里空间大，造型可爱，更因为它代表了吉祥富贵，寄托了人们期待生活越过越好的朴素愿望。

猪繁殖和生长都很快，全身里外都可食用。东北有杀猪菜，从肉到皮，从内脏到血液，都能做出佳肴供大家新年团聚时同享口福；杭州有东坡肉，大文豪苏轼被贬却专攻美食，独创了这道名菜，还广为流传；连《木兰辞》里都在讲，木兰打了胜仗回家时，"小弟闻姊来，磨刀霍霍向猪羊"，要杀猪宰羊，迎接久未归家的女儿，庆贺家中大事。所以我们理当明白，猪在古人生活里占有重要位置，也代表着和睦美满的生活状态。当我们再看当康，也就能明白，为什么它长着像野猪一样的面容，却是人们喜闻乐见的丰收之神。

　　农人最喜欢当康，因为它会在即将收获的日子里出现，通知大家收成的时节就要来临，也就意味着自己富足的生活开始了。"当康大穰"就是丰收的号角，是农耕时代人们的大喜事。

飞鼠

又东北二百里，曰天池之山，其上无草木，多文石[1]。有兽焉，其状如兔而鼠首，以其背飞，其名曰飞鼠。

——《山海经》

1. 文石：带有花纹的石头。

　　再往东北二百里，有一座天池山，山上不长任何草木，盛产带有花纹的石头。有一种野兽，形状像兔子，脑袋像老鼠，能用背部肉膜来飞翔，名字叫作飞鼠。

⊙ 飞鼠骨骼图

⊙ 前肢和后肢之间的肉膜，伸开和缩起的示意图

技能虽多，但不精通

　　《山海经》这本旷世奇书里记载了上古时许许多多令人瞠目结舌的地理样貌、动物植物以及和它们相关的故事，勾勒出了那个时期的文化面貌，也是我国神话体系中非常重要的一部分。这本书里面内容的真与假，一直是吸引学者们不断研究的课题，而读者们却一直以来对其中虚构的神话故事和长相怪异、神通广大的神兽们津津乐道。但其中也不乏能在现代文明中直接对号入座的一些动物，比如飞鼠。

　　《山海经》中记载，飞鼠生活在天池山，山上没有什么植物，动物以飞鼠为主。它的脑袋像老鼠，身体像兔子，是体形比较小的动物，会利用背部肉膜来飞行，所以才得名。《括地图》中也有另一种记载，天池山有一种叫飞兔的动物，会用背部来飞行，长得像兔子一样。这两者应该是一种动物。

飞鼠的一双长耳，可以通过听觉来观察附近生物的动向，这是它们保护自己的有力武器。当听到危险信号时，飞鼠就会迅速逃离——往往敌人还没有行动，飞鼠便已经消失得无影无踪了。

根据这些特点，我们很容易在现存的动物中联想到鼯（wú）鼠，认为《山海经》中记载的飞鼠就是鼯鼠。鼯鼠是一种会滑翔的松鼠科动物，脑袋长得像老鼠。它的前后肢之间长着一种多毛的飞膜，就像鸭蹼一样把四肢连在了一起，当它把飞膜展开从高处跳下，就能够滑翔，这符合飞鼠利用背部飞行的特点。但它们无法像鸟类的翅膀一样在运动中产生向上升的力，所以不算是真正的飞行。它们主要生活在亚热带，穿梭在树林间，飞行时就展开它的"滑翔翼"，造型像风筝一样，可以实现短距离飞行，停止飞行时又可以把"滑翔翼"随时缩回身体两侧。它们只需要扭动一下身体，便可以打开这个飞行工具，所以行动很快。现在有一种极限运动叫作翼装飞行，人穿着一件四肢连接成一片的翼装，从高处飞行下来，这个翼装就是模仿鼯鼠滑翔的状态而制作的。这也得益于现在很多人把鼯鼠当作宠物饲养，人们可以更加近距离地观察鼯鼠的形态以及生活习性。

鼯鼠虽然动作敏捷，可以自由在林间穿梭，但是它的弱点却早就被古人列举了出来。荀子在《劝学》中用"鼫（shí）鼠技穷（也作梧鼠技穷，指的就是鼯鼠）"这一典故，便说明了鼯鼠的弱点。它们虽然可以飞行，却不能从低处飞往高处，这种飞行方式十分局限。它们虽然有很快的滑行速度，但需要借助树木做中间站才能不断滑行，离开了树木便没有了这种优势，在平坦的地面上，它们只能算是普通的鼠类。它们会游泳，但却不能跨越河流湖泊，在水中遇到天敌时，经常会给自己造成进退两难的局面。它们也会挖洞，但并不擅长，一般居住在树洞或岩石中，由于没有掩体，很容易将自己完全暴露在敌人的目光之下，所以它们总是昼伏夜出。

能滑行却不能真正自由翱翔，能游泳却不能真正营救自己，能挖洞却不能制造一个完美的洞穴……鼯鼠会的技能很多，却都不精进，所以"鼯鼠技穷"是才华有限的意思。荀子借用这个典故来告诫人们，要将一门技术学精，不要博而不精，不然不会得到真正的提升。

黄帝

白泽

白泽

帝[1]巡狩[2]，东至海，登桓山，于海滨得白泽神兽，能言，达[3]于万物之情[4]。

——《云笈七签》

1. 帝：此处指黄帝。
2. 巡狩：同"巡守"，指天子出行，视察所管辖的土地。
3. 达：对事物认识得透彻。
4. 万物之情：所有事物的情状。

译 文

　　黄帝有一次出行巡守，往东边的海那边去，还登上了桓山，在沿海地带遇见了一只白泽神兽，它可以说话，对世间万物都非常了解。

⊙ 白泽骨骼图

⊙ 角部特写：白泽的角
有双角和独角两种说法

⊙ 面部特写：白泽面部有羊的特征

万妖之王，百怪之首

白泽是世间精怪的首领，可以令人逢凶化吉。它最出名的一段故事是与黄帝的一段奇遇。

传说黄帝统一华夏之后，有一次出行巡守，来到了东海边。在海边遇见了一只神兽，它全身雪白，长得像狮子一样威武，头有点像山羊，也有一撮白胡子，看起来非常有智慧。黄帝正感叹神兽的样子，它竟开口说话了。聊了一会儿后黄帝就发现，此神兽通晓世间万物，可谓无所不知，是个相当厉害的角色。于是，黄帝向它询问世间鬼神的事情，它说这世间可以称作幽魂鬼怪的有一万多种，我可以一一向你说明。黄帝赶紧下令，让人把神兽所说都记录下来。后来，这部记录被黄帝昭示天下，让大家都能学习。人们一旦遇到妖怪，就可以用此书来查找驱除的方法。这只神兽叫作白泽，这部中国妖怪大全就是后来在敦煌莫高窟发现的《白泽精怪图》。

白泽不仅通人语、懂人事，还能一下子就说出一万多种妖怪的样貌、习性、驱避办法，可以说是神兽里的最强大脑了，人们也叫它万事通。《白泽精怪图》流传到民间后，当时的百姓几乎人手一册，大家都按照上面的提示躲避妖怪，生活渐渐安定了下来。如此看来，白泽算是最早的畅销书"作家"了。

可惜的是这部古书在敦煌出土后，只保留下来两卷残卷，现在存放于大英图书馆和法国国家图书馆中。

黄帝为什么对鬼怪的事这么感兴趣呢？这可能要从黄帝蚩尤之战说起。这场旷古绝今的大战，是炎黄文明的初始，在上古神话中占有很重要的地位。据说蚩尤有八十一个兄弟，各个都凶猛无比，异常残暴。不仅如此，在战斗中，他还请来了风伯雨师助阵。黄帝这边有很多受过训练的猛兽，也召唤了女神旱魃来对付风伯雨师。双方混战中有很多神仙鬼怪都加入了进来，规模空前。经过这一场酣战，蚩尤虽被打败了，但他的残余势力依旧存在，总有一些余部和蚩尤阵营的鬼怪出来作乱，成为黄帝统一华夏的心头之患。也许正是因此，黄帝格外关注鬼神的情况。从另一角度来看，当时社会发展是非常落后的，很多自然现象都无法解释，很多问

题都不知道如何才能解决。于是人们认为，扰乱人们生活的，自然是妖怪所为；为人们生活添福的，就是神仙神兽的功劳。为了百姓们的福祉，黄帝自然先关心鬼怪的问题。

白泽作为万妖之王、百怪之首，可以降服所有的妖魔鬼怪，谁也不敢在它面前放肆作乱。所以，它的形象也常出现在皇帝的仪仗旗帜中，作为人王的引导，为他辟除邪灾。《新唐书》中记载："清游队建白泽旗二，各一人执，带横刀。"《宋史》中也有记载："次清游队。白泽旗二，弩八，弓箭三十二，槊四十。"这些都描写了白泽旗在皇帝仪仗中出现的情形。

白泽统领所有妖怪，却能为了大义帮黄帝作《白泽精怪图》，这正是它仁德的地方。古代帝王以白泽现世作为自己治理明法、正义仁贤的表现。普通百姓也喜欢把白泽的画像挂在墙上，或者贴在大门上，祈求这个万妖之王可以帮助驱除邪魔，还有人将白泽纹绣在枕头上，希望能安枕入眠。可见白泽真是名不虚传的瑞兽。

白鹿

天鹿者，纯善之兽也，道备[1]则白鹿见，王者明惠[2]及下[3]则见。

——《瑞应图》

1. 备：具备，具有。
2. 明惠："惠"同"慧"，聪明，能言善辩。
3. 及下：及，推及、顾及；下，指百姓。

译 文

　　天鹿是非常美好的神兽，天下太平白鹿会出现，做帝王的人能用聪明才智感召百姓，白鹿会出现。

⊙ 白鹿骨骼图

⊙ 角部特写

长寿吉祥，福泽深厚

鹿本身就是吉祥的代表，古人认为"白者为上品"，因此白鹿更被当作神圣的瑞兽。时至今日，如果你能在森林中看到白鹿，依旧觉得它像是从远古穿越而来的精灵。

据说普通的神鹿能活千岁。过五百年，全身毛色才会变白，成为白鹿，所以白鹿珍贵难得，也是长寿的代表。鹿又与"禄"同音，也就代表了福气、福运。光是这两点，就足以让它成为百姓崇拜的对象，也在很多神话故事里以正义、善良、吉祥的化身出现。诗人李白就曾在《梦游天姥吟留别》中写："别君去兮何时还？且放白鹿青崖间，须行即骑访名山。"骑着白鹿遍访名山，既有着浪漫情怀，又让人想到仙气飘飘的神仙。

在敦煌莫高窟中，有一幅名叫《鹿王本生图》的壁画，后来有人就以这幅壁画为背景，编写出了《九色鹿》的故事。这只九色鹿就是一只白鹿，它有雪白的双角，身上有九种颜色的花纹，十分美丽。故事中，九色鹿救了一个溺水的人，这人想要报答，九色鹿说："我不需要你报答我什么，只想求你不要告诉别人我在哪里。"这人满口答应，并发誓说自己如果不遵守约定，就浑身生疮。可是，当他看到国王张贴的寻鹿悬赏时，还是禁不住金钱的诱惑，违背了誓言，向国王交代了九色鹿的下落。当国王带着大队人马来到林中寻找九色鹿的时候，神鹿没有躲避，主动现身将事情的原委如实地告诉了国王。国王听后不但没有继续抓捕九色鹿，反而十分愤怒，下令抓住这个背信弃义的人并予以重罚，还下令封山，不准任何人再去抓捕九色鹿。后来这位国王所治理的国家一直五谷丰登、无灾无害、世运太平。

有一个词叫作"逐鹿中原"，是指群雄并起，争夺天下。这个典故原本来自《史记》，说秦王丢失了一只鹿，天下英雄好汉都一起来追捕，有能力者就能得到。后来，鹿因此慢慢变成了一种权力的象征。而白鹿作为祥瑞的代表，也只有仁德贤明的帝王统治时才会出现。

在我国的台湾地区，相传在很久以前，猎人在山中打猎时偶遇一头白鹿，他们用了几天时间追随白鹿的足迹，试图捕捉它，最

后看见白鹿跳入一片水潭中便消失不见了。他们这才发现这片水潭附近景色优美，湖中的鱼也十分美味可口，于是便在水潭边定居。这个故事后来被称为"逐鹿传奇"，这片水潭就是著名的日月潭。当地现在依旧流传着这则故事，而白鹿也成了为他们带来美好生活的吉祥物。

《西游记》里也有一只白鹿，是南极仙翁的坐骑，但没干什么好事。它偷了寿星的拐杖，来到凡间，在比丘国作乱，想要一千一百一十一个孩子的心肝做药引，好能长命百岁。最后与孙悟空一战，眼看就要战败，寿星公出现为它求情，白鹿精化回原形，被收了回去，才避免了一桩灾祸。长寿的代表白鹿，作为寿星的坐骑很合理，但为了长命百岁而到人间制造祸乱，还用如此残忍的方法，简直匪夷所思。这类"黑化"的白鹿在《山海经》中也曾出现，它长有四只角，名字叫作夫诸，是一只会带来灾祸的神兽，只要它出现，附近就会发洪水。即使有这样的故事存在，白鹿依旧保留了长寿、平安的美好寓意。

白狼

白狼，王者仁德明哲[1]则见，一本曰：王者进退[2]，
动准[3]法度则见。周宣王时，白狼见，犬戎灭。

——《瑞应图》

周穆王

白狼

1.明哲：明智，洞察事理。

2.进退：举止行动。

3.准：依据，依照。

　　白狼只有在仁德明哲的帝王统治时才会出现。也有人说，做帝王的人，行为举止依照法度来做，白狼会出现。周宣王统治时期，白狼出现，犬戎族就被打败了。

⊙ 嘴部特写

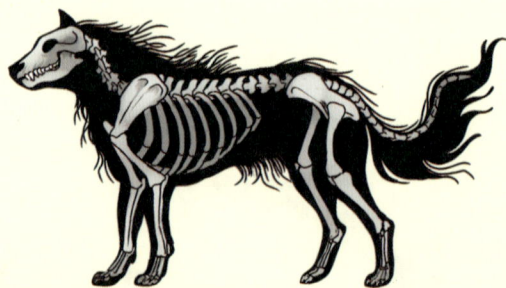
⊙ 白狼骨骼图

⊙ 眼睛特写

⊙ 脚部特写

杀伐果断的白狼王

　　白色在中国古代神话中是一种神圣的颜色，任何动物只要周身白色，便多了一些权威感，甚至直接可以在这个物种里称王。老虎中以白虎为最高，孔雀中以白孔雀为首，狮子以白狮最为难得。也许是因为全身白色的种类在这些动物中十分稀少；也许是因为白色一直以来就代表着纯洁高贵；更有可能是在我国的五行之说里，白色意味着肃杀，代表杀伐果断，是权威和势力的体现。总之在许多动物中，全身白色的一族，往往就是最厉害的一族，有着最高强的武力和最尊贵的地位。在狼群中也是这样，白狼以其端庄的姿态和强大的战斗力，成为威震一方的神兽。

　　读到这里，我们似乎可以总结出，凡是有很强战斗力、有祥瑞之意的神兽，都会和有仁德之举的帝王联系在一起。古书中非常喜欢记载仁德明哲的帝王在位时，人们看到瑞兽的故事，这是一种直接彰显帝王政绩的办法。相传，周穆王伐犬戎时，就曾经看到过四只白狼，于是战争取得了大胜。其实，厉害的神兽和有能力的治理者，二者之间是互相成就的，人们用创造神兽故事的方式来为治理者加分，治理者通过做出丰功伟绩也传扬了神兽的神力，不仅为后世留下了奇妙的故事，也宣扬了正向的德行，还体现出了百姓的智慧和治理者的谋略。

在历史上，也曾存在过以白狼为图腾的白狼国，是东汉时期位于四川的一个小国，和中原一直保持着良好的关系，还流传有他们进献给汉朝的《白狼王歌》。这首诗歌是一首表达甘为汉朝臣仆的赞美诗，它的存在也为后世学者们研究白狼国和梳理语言脉络起到了重大作用，也向我们展示了各民族融合过程中的片段。

现实中的白狼是最大的野生犬科动物，多生活在北极，是特别有耐力、能够长途迁徙的动物。它们两耳平行直立，耳上毛较短，全身雪白。它们的后背，尤其是靠近肩颈部的毛特别长，尾巴蓬松下垂，四爪粗钝，有发达的肉垫，趾垫的面积比掌垫的面积总和都大，可以令它们在雪上飞快奔跑。背部和腿部非常强健有力，所以能用瞬间的爆发力来完成速度很快的动作，产生很有效率的机动能力。

很多关于狼的故事里，白狼王的名字多有出现。它是狼群真正的主人，极度聪慧，似乎能懂人语，甚至能和人一样思考，能用计谋对付敌人、捕杀猎物、保护自己的族群。《山海经》中记载，白狼生活在盂山，山的北坡盛产铁矿，南坡盛产铜矿，山里的动物以白狼和白虎为主，它们共同统治着山中的邪祟鬼怪。说明白狼也和白虎一样，凭借着自己的武力和正义，起着避患的作用。在从前游牧地区的民间传说中，关于白狼的故事有很多，有一些地方还保留着供奉狼王的习俗。这些故事里的白狼王有时候是重义气的，有时候是有报复心的，有时候是善良的，有时候又是护犊子的。不论故事如何离奇，白狼王的特点如何变化，人们所记录的都是人在历史长河中与大自然相处的过程。与其说是人类赞扬白狼王的智慧，不如说是人类在赞扬自身的智慧，我们在和自然、动物、植物的相处中生发出浪漫的故事，经过时间的洗礼所流传下来的就是和谐之大道。

开明兽

昆仑之虚，方八百里，高万仞[1]。上有木禾[2]，长五寻[3]，大五围[4]。面有九井，以玉为槛[5]。面有九门，门有开明兽守之，百神之所在。在八隅之岩，赤水[6]之际，非夷羿莫能上冈之岩。

——《山海经》

西王母

开明兽

1. 仞（rèn）：长度单位，古时八尺或七尺叫作一仞，为1.6~
   1.8米。
2. 木禾：传说中一种高大的谷类植物。
3. 寻：长度单位，古时八尺为一寻。
4. 围：两臂合拢的长度。
5. 槛（jiàn）：栏杆。
6. 赤水：古代神话传说中的水名。

译　文

　　昆仑山方圆八百里，高万仞。山顶长着一种巨大的植物，有五寻那么高，需要五个人才能合抱。山的每一面都有九口井，井周围的栏杆都是玉做的。每一面还有九道门，开明兽守护着这些门，这里是众神仙居住的地方。他们就在山上八个方位的山岩之间、赤水岸边，只有像后羿那样的人才有本领攀上这些山岩。

⊙ 头部特写：拥有九头，都是人脸

⊙ 爪部特写

昆仑山的九头守护神

开明兽是昆仑仙境的守护神。昆仑山在中国古代神话中有着举足轻重的地位，它是神仙们居住的地方，是天帝在下界的都城。西王母的住所瑶池在这里，《封神演义》里元始天尊的玉虚宫也在这里。

昆仑山在古代传说里是万山之祖，上达天庭，下接幽都，山上有普通人无法见到的神奇植物，许多神兽也在山中生活、任职。传说凡间的人想要上天界去，非要先爬上昆仑山不可，但几乎无人能够做到，因为昆仑山不仅高得像天梯一样遥不可及，也十分的险峻。

昆仑山上的样样事物看起来都充满了神力，所以要有开明兽这样的"保安大队长"来严格把守。它体形很大，像老虎一样，很多画作里也直接在它身上画上了虎纹，这也代表着开明兽拥有像老虎一样的速度和力量，既可以匍匐前进接近猎物，又可以趁其不备，猛起攻击。更厉害的是，它有九颗头，每颗头上都是一张人脸，表情肃穆。如果你想偷偷跑到昆仑山上，只要被开明兽怒目而视一下，任谁都会被眼前的奇异长相吓退。

《竹书纪年》中记载，每当西王母要从昆仑出门巡游，开明兽就会在跟前服侍，在出巡队伍前引领仪仗队，有时还亲自

为她驱动豪华的车驾。也有
人说，昆仑山北边有条弱水拦
住来路，任何船都没办法在上
面行驶，连一片叶子都没法
浮在河上，有人想通过，只
能求助开明兽。不知是因为昆
仑山每一面都有九扇门，才让
爱岗敬业的开明兽进化出了九个
脑袋，还是因为它有这样的便利条
件才被选拔为这九道门的卫士，总之，
开明兽确实是守护神山的最佳选择。

　　早在汉朝时，石壁上就已经出现了开明兽的形象，但九颗
头的位置并不统一，有的是一张人脸之上，扇形排列着八颗小
头，像戴了一顶头冠；有的是七颗头在前一字排开，另外两颗
头则在尾巴上。清代《山海经》画作里，开明兽的九颗头三三
排列着，而在敦煌壁画中，几乎都是依次排开的形象，甚至出
现过十三颗头的情况。研究的学者说，开明兽的头都是人脸而
不再是早期的猛兽形象，也正印证了汉代之后，人们对"人"
的能力的认可，也表达了一种人定胜天的信念。

　　不论开明兽的形象如何变化，它总归是一个有着好多颗头
可以思考、好多眼睛可以观察、好多耳朵可以倾听的神兽，因
此它能通达事理，洞察万物，有预知未来的能力，就像一台功

能强大的计算机，存储的信息多到足以预判未来的发展。我们常说一个人很开明，就是说这个人不墨守成规、顽固保守，那他一定视野开阔，见得比别人多，知道得也比别人多，才会时时变通、时时发展，才不会冥顽不灵。所以名为"开明"，这么多颗头的功劳自然不小，我们也能从这里看到古时人们对掌握知识的认可和努力发展向前的期望。

古代蜀国有一位国王也叫作开明，是一位特别会治理国家的贤明君王，因为他的功绩传播很广，人们时时感念他，所以把他跟同名的开明兽联系到了一起，编织了好多故事。有说开明兽本来是蜀地的怪兽，后来被鳖灵降服，成了同事，后来又为建立蜀国立下了大功劳，所以被鳖灵重用，开国后，开明氏族才产生。后来鳖灵禅让王位给了开明兽，他也就成了蜀国国王。也有说是因为蜀国的开明王做了很多利民利国的好事，所以死后才化作了天上的开明兽。中国的神话传说中有很多这样颠颠倒倒的故事，重要的并不是谁说得对，而是人们在开明兽身上寄托了对仁德通达、贤明知礼这样美好品格的期望。

图书在版编目（CIP）数据

东方神兽有文化 / 范钦儒编著. —北京 ：北京出
版社，2022.11
　ISBN 978-7-200-17405-2

　Ⅰ．①东… Ⅱ．①范… Ⅲ．①中华文化—儿童读物
Ⅳ．①K203-49

中国版本图书馆CIP数据核字(2022)第165677号

策　　划：黄雯雯
责任编辑：张亚娟
责任印制：武绽蕾

东方神兽有文化
DONGFANG SHENSHOU YOU WENHUA

范钦儒　编著

＊

北 京 出 版 集 团
北 京 出 版 社 出版

（北京北三环中路6号）
邮政编码：100120

网　　　　址：www.bph.com.cn

北 京 出 版 集 团 总 发 行
新 华 书 店 经 销
文 畅 阁 印 刷 有 限 公 司 印 刷

＊

170毫米×240毫米　13.5印张　130千字
2022年11月第1版　2022年11月第1次印刷
ISBN 978-7-200-17405-2

定价：88.00元

如有印装质量问题，由本社负责调换
质量监督电话：010-58572393